“マベリック（人と違う発想）で”

志・挑戦、そして感謝

廣瀬 光雄

財界研究所

プロローグ

外に出て見知らぬ世界に触れる――。このことが、いかに自分を鍛え上げてくれるか。自分の人生を振り返って、このことを実感しています。

大学を卒業して化学会社に入りました。そして、アメリカに渡り、ボストンカレッジの経営学の大学院で勉強し、帰国後、大日本印刷に入社。同社で24年間働いて米国法人の代表を務めているとき、エクセレントカンパニーとして知られる世界最大のヘルスケアカンパニーのジョンソン・エンド・ジョンソン（J&J）から「うちに来ないか？」と誘われました。

日本は終身雇用全盛の時代で、国内の大手企業から外資系企業にスカウトされて、そこで働くのが、まだまだ珍しい時代でした。グローバル化では先達のアメリカでも、この出来事を大手新聞が「日本のビジネスマンがJ&Jの誘いに応じた」と大きく報道したことを懐かしく思い出します。ジョンソン・エンド・ジョンソンメディカルの社長、J&J日本法人の社長を務め、同社では16年間、働いたことになります。

60歳を過ぎてからコンサルティングの「マベリック　ジャパン」を設立。このマベリック（Maverick）とは〝他とは一味違った考えをする人〟、またはちょっときつめに言えば〝異端児〟という意味合いがありますが、わたし自身、オンリーワンの発想をし、ビジネス界で新しい生き方・働き方を提案したいという気持ちがありました。

いわゆるバブル経済崩壊で、多くのゴルフ場が経営不振に見舞われ、実際に経営が破綻しました。そうしたゴルフ場を再生できないものかと考えて立ち上げたのが、「パシフィックゴルフマネージメント（PGM）」（現・PGMホールディングス）でした。そのPGMは銀行から融資を受けるという形では成し得なかったビジネスモデル、ファンドという存在を抜きにしては構築できない再生モデルです。つまり、大胆にリスクをとれない銀行の融資、一方は大胆にリスクをとりながら緻密な計画を立てて再建する。このファンドという性格の違いが金融界にありました。

PGMは米国のファンド活用で事業をスタートさせました。もちろん、事業を始める前に日本の銀行や金融機関にも多数相談をしました。しかし、一様にどの金融機関からも「融資はノー」という返事ばかりでした。そこで米国のファンド関係者に当たると、「ミスター・ヒロセ、大いに関心のある案件だ」と非常に前向き。わたしはゴルフ場再生に向かいました。しかし、実際の再生作業は困難が伴いました。バブル経済崩壊で、日本の社会が荒れていた時期でもあります。我々には「ハゲタカ」という非難めいた言葉が投げかけられました。その中でも、わたしたちは必ず地域社会に雇用を生み出し、地域に元気を取り戻す方法の一つがゴルフ場再生だという信念の下、再生を進めました。多くの非難を浴びる中、例えば、作家・堺屋太一さんのように「この仕事は大いに社会性がある」という励ましをいただいたことには大いに救われました。

挑戦することは非常に素晴らしいことです。その意味で、冒頭の「外に出て見知らぬ世界を知る」ことが新しい事業を創出することにつながると今でも確信しています。

自分たちの価値観とは違う考え方、あるいは仕事の進め方、文化・慣習が世界には存在しています。日本と違うものに触れ合うことは、自分の視野を大きく広げていきます。相手との対話、交流が自らの成長を支え、支援してくれることになります。その意味で、若いときに海外に出て、いろいろなことを体験することは非常に貴重なことだと自分の体験からも言えます。

新しい仕事を創出するには『志』が必要であり、そして『挑戦』という作業が続きます。志と挑戦があって一つの事業は成し遂げられますが、それは顧客や従業員、地域社会、そして株主のご支援・ご協力があってこそ成り立つものだと思います。そうした思いの下で、わたしは『志・挑戦、そして感謝』という本を発行することにしました。

21世紀に入って18年目に入り、世界は混沌としています。その中で企業も個人も生き抜かねばなりません。この本がこれからの時代を担う若い世代の人々に役立つとすれば、著者として望外の喜びです。

若い人たちの志と挑戦を期待している次第です。

２０１８年４月　若葉の季節に

廣瀬　光雄

プロローグ

目次

第1章

新しいことにチャレンジしてこそ

新しいことに挑戦し続けた80年

常に、新しいことにチャレンジし続ける——。1937年（昭和12年）生まれのわたしは、この80年余の人生の道のりを振り返ったとき、新しいことに挑戦する日々であり続けているなと思います。

化学会社の日東化学工業（現・三菱ケミカル）、米国留学、大日本印刷の後、日用品大手のJ&J（ジョンソン・エンド・ジョンソン）の日本法人社長を務め、内外に多くの知己《ちき》を得ました。

60歳を過ぎてから、自分の拠《よ》り所《どころ》をつくろうと、コンサルティング機能を持つ「マベリック ジャパン」を設立し、課題があれば、それを解決していくということでのコンサルティング。大手から中堅・中小まで、いわゆるコンサルティング会社は数多くありますが、わたしはマベリック（Maverick）という言葉にこだわりました。

少し人と違ったことを考えたり、行動したりするときに、英語でマベリックという表現をすることがあります。〝違う意見を言う人〟とか、〝群れない人〟、あるいは〝孤独を楽しむ人〟とか、時には〝異端者〟という意味で使われたりもします。

小泉純一郎さんが首相時代に訪米し、ブッシュ大統領と人気歌手の記念館に招かれて、その曲を歌ったとき、「ミスター・コイズミは歴代の首相と違って、マベリックだ」という評論を当時のメディアが報道したことがありました。こんなニュアンスでマベリックという言葉が使われています。

わたしがJ&Jを辞める1年くらい前、そろそろ自分の拠点をつくろうと考えていた頃、経営学の泰斗《たいと》、ピーター・ドラッカー氏が講師を務める昼食会が開かれました。日本は高齢化が進みながらも、リタイアするシニア層がまだまだ元気な中で、会社を辞める人がどんどん出てくる。そんな経験豊富な人たちが引退するのは、もったいないじゃないかという空気が高まっていました。そこで、そういう人たちに対して、どんなアドバイスがありますかと聞いたら、ドラッカー氏は「経験豊かな人が引っ込むのはつまらない。コンサルタントをやったらいいのでは」と助言してくれました。

そうしたこともあって、マベリック ジャパンの仕事を始めたわけですが、もう1つ、何か余り良くない出来事が起きたりして、コンサルタントという言葉の響きがマイナスのイメージを持たせています。「悪徳コンサルタント」「悪徳弁護士」という言葉が時々見られる風潮もあり、それと一線を画すという意味で、マベリックを社名に選んだという次第です。

このマベリック ジャパンの仕事の中から、ゴルフ場再生の「PGMホールディングス（パシフィックゴルフマネージメント）」のビジネスが立ち上がったり、お医者様が最新の医療技術や医薬品のことを勉強しなければいけないというので「ケアネット」の仕事が生まれてきました。

また、社会人が大学院に入ってブラッシュアップし、グローバルに活躍できる人材を育成しようという「BBT大学院（ビジネス・ブレークスルー大学大学院）」。この大学院の設立者の一人にわたしも名前を連ねています。

学長は大前研一さんですが、長年親交のある大前さんからある日、「廣瀬さん、日本の学校教育、人材づくりについて、どう思いますか？」と言われたのが新しい大学院を日本につくろうと立ち上がるきっかけでした。

グローバル化の必要性が叫ばれていながら、グローバル人材を育てるインターナショナルな教育が日本にはないのではないか、という危機感が大前さんにも、わたしにもありました。

大学を卒業して、いったん社会に出る。そこで社会人としての経験を積んだ上で大学院に入る。大学では理論を学び、就職後に社会人としてビジネスを経験する。そして新設の大学院で様々なケーススタディを学び、変化の激しいグローバル時代でも的確なジャッジメント（判断）ができるような人づくりをやろうというのがＢＢＴ大学院の設立動機です。

日本の既存の大学院のように、企業側からすれば、「学者さんのような人に来てもらっても……」と敬遠《けいえん》されがちな状況では困るし、実社会をプロアクティブ（前向き）に行動していける人材づくりを進める大学院。

それには働きながら学べることが大事です。しかも、欧米の大学院のように年間８００万円もかかるといった高額では、そう簡単に通えないという背景もありました。そういうことでインターネットを活用した大学院にしようと決め、財務面など経営に関する情報をオープンにしようと株式会社が運営する大学院という構想を打ち上げました。

予想された通り、「前例がない」ということで文部科学省など関係先との必要な交渉も何度か座礁《ざしょう》しかけましたが、新しい大学院をつくるんだという同志の使命感にも似た思いが壁を乗り越えていきました。

１９９０年代末から、新大学院の構想を練り始め、「ビジネス・ブレークスルー大学大学院」が開学したのが２００５年（平成17年）。受講料は２年間で２２５万円と欧米の大学院と比べると破格の安さ。この14年間で卒業生は１０００人を超え、これは早稲田、慶應義塾の大学院の卒業生を上回る規模になりました。

誰でも、いつでも、どこでも学べる〝エア・キャンパス〟として、また、レベルの高い人材を育てる大学院という評価を得るまでに至りました。社会で働きながら学ぶ、いわゆるリカレント教育の必要性が叫ばれている今、その先《せん》陣《じん》を切ってきたという自負があります。株式会社が運営する大学院で運営法人は現在、東証一部に上場しているというのも、普通の大学院と比べてマベリックだと思います。

これからも、新しいことにチャレンジし続けていくつもりです。

人と人のつながりの中で、啓発を受ける

新しいことに挑戦し、付加価値を社会に提供できる。つまり社会のお役に立てると

いうときこそ、生き甲斐《がい》を感じることにつながるのだと思います。

こうして仕事を考え、実行してこられたのも、多くの人とのつながりを持つことができ、また、そうした人たちのご支援・ご助言があったからこそだという思いを強くしています。

先述したように、わたしがJ&J日本法人の社長を辞めて、自分の拠《よ》り所《どころ》をつくろうと思っているときに、ピーター・ドラッカー先生から、課題解決型のコンサルティングをやったらどうかという助言をもらったのもその一つ。先人・先達の言葉に、啓発を受けることがよくあります。日頃、問題意識をもって行動していると、そうした先人・先達、あるいは同僚や友人から背中を押してもらえる言葉を投げかけられることが、しばしばあります。また、目を見開かせられることもあり、世界観や人生観もぐっと広がります。そんなときは、人と人のつながりの中で人は生かされているのだと感謝の気持ちが高まってきます。

父・廣瀬治郎《ひろせじろう》から、「アメリカの大学院で勉強してきたらどうだ？」と言われたのが、ボストンカレッジ大学院に入るきっかけとなりました。日東化学工業に入り、社会人としての経験を2年間積み、アメリカの経営学の大学院に入る。そしてケーススタディ中心の生きた経営学を学び、米国社会の多様性（Diversity）にも触れてくることができました。

ＢＢＴ大学院の設立動機も、大学で理論を学び、実社会でビジネスを経験した上で、大学院に入りケーススタディを学び、ブラッシュアップを図ることを支援するというものでしたが、わたしが若い頃は、まさにそれの実践でした。

その意味で父・治郎の助言はありがたいものだったと今も感謝し続けています。

ボストンカレッジ大学院を経て帰国すると、当時の大日本印刷の社長・北島織衛《おりえ》さんから「アメリカで勉強したのなら、ぜひ、うちに来ないか」と誘われました。北島さんと伯父・藤山愛一郎、そして父・治郎は交友があり、そうした人の縁もありましたが、北島さんには自ら声をかけていただき恐縮した思い出が残っています。

その北島さんには、経営者として先を見る目、時代の流れを読むことの大切さを学びました。北島さんにアメリカの市場開拓を命ぜられ、アメリカでの勤務に就くのですが、このときの仕事は「集積回路」を米国市場で売るということでした。このとき、世の中からは「印刷会社が半導体関連に進出？」と怪訝《けげん》な目で見られましたが、北島さんには自分たちの得意技術を応用できるという読みがあったのです。

印刷会社の中核になるのは製版技術。様々なフィルムの刷版《さつばん》に光で焼きつけるフォトエッチング法の技術を応用させて、北島さんは半導体チップの回路、つまり集積回路を作ろうと考えたのです。

新しい事業の創出へチャレンジしていく。このことで大日本印刷は飛躍的に成長・発展を遂げていきます。米国市場でこの集積回路を売り込む仕事に当たっていたわたしは、その手応えに感動すら覚えました。

かつての印刷業界は共同印刷が首位として君臨《くんりん》し、次いで凸版印刷が来て、大日本印刷は３位という状況から、こうした北島織衛社長の新規事業への挑戦から浮上していったのです。経営トップの舵取りが、その企業の盛衰《せいすい》を決めるということを、わたしも目の当たりにしてきました。

伯父・藤山愛一郎から学んだもの

そして、起業家精神を学んだということでは、伯父・藤山愛一郎の存在を抜きにして語れません。

伯父・藤山愛一郎は日本商工会議所会頭を戦前、戦後の２回務めた財界の重鎮《じゅうちん》でしたが、１９５７年（昭和32年）、岸信介内閣が発足し、岸首相に請われて第一次改造内閣で閣内に入り、外相に就任。日本の外交・安全保障のあり方を決める上で重要だった日米安全保障条約の改定交渉に当たりました。

というより、民間人として初の閣僚入りということで当時のメディアで大変話題になりました。翌年（１９５８年）の衆院総選挙で神奈川の選挙区から出て当選。政治家としての人生が始まったのですが、わたしは経済人・藤山愛一郎として、次々と新しい事業を興していったことに関心を持ち、そういう目で伯父を見てきました。

伯父の父・藤山雷太《らいた》は立志伝中の人で大日本製糖（現・大日本明治製糖）など藤山コンツェルンをつくった人。その父から「自分の会社をつくれ」と言われて育ったのが伯父・藤山愛一郎でした。

日東化学工業の創業、そして日本航空の設立へ中心となって動き、11人の発起人を集めるという行動力を発揮しました。当時、日本を占領していたＧＨＱ（連合国軍総司令部）は外資の航空会社に呼びかけ、日本国内に新しいエアラインをつくろうとしていたのですが、藤山愛一郎は「１社だけでは独占の弊害がある。競争政策上、もう

1社必要」として日本航空設立に動き、柳田誠二郎《やなぎたせいじろう》氏らを巻き込んで、日本航空を誕生させたのです。

ここが勝負時というときの経営者としての判断力、先見性、実行力を存分に見せてくれた日本航空の創業でした。

また、戦後、資材・物資不足の日本で経済成長に欠かせないのが紙。その紙は木材パルプからつくっていたわけですが、戦争中は各地で森林を切り倒し、戦後まもなくは深刻な木材不足が続いていました。そこで藤山愛一郎は何を考えたのか？

「よし、それなら竹を製紙の原料にしよう」と考えたのです。竹なら日本全国、津々浦々に自生しています。それを活用しようということで、日東製紙をつくり、竹を原料にした製紙会社を本当につくってしまったのです。

このように、起業家精神の旺盛な伯父の生き方に大いに啓発を受けながら、わたしは大学を卒業後、社会人としてその第一歩を日東化学工業で踏み出したのです。

第2章

挑戦し続ける中で学ぶ

～米国留学、帰国後、大日本印刷トップの生きざま、そしてJ＆Jの信条に学んだこと～

日東化学工業に入社、社会人の第一歩を踏み出す

1960年（同35年）、わたしは慶應義塾大学を卒業して、日東化学工業（現・三菱ケミカル）に入社しました。

日東化学工業は1937年（昭和12年）に設立され、当時、食料増産の掛け声の下、化学肥料の製造・販売ということで大いに沸いている頃でした。

1960年というと終戦（1945年、昭和20年）から15年が経っていました。戦後復興の中で、人々はよく働き、1956年（昭和31年）の経済白書は「もはや戦後ではない」というあの有名な記述で始まり、日本国民も経済の復興に自信を持ち始めていました。

そして1960年という年は、日本の外交・安全保障政策の基本を形づくる大事な年で、日米安全保障条約が締結《ていけつ》されました。

日米両国は同盟国としての道を共に強化していこうとしていました。日米交渉に、そのとき外相として当たっていたのが伯父・藤山愛一郎でした。

それはともかく、わたしが入社した頃の日東化学工業は化学肥料メーカーの雄として健闘していました。当時、政府も重化学工業政策を推進しており、官民一体となって、日本経済の成長、発展を図ろうとしていました。

石油化学は鉄鋼・非鉄金属と並んで日本のモノづくりの基幹産業として期待がかかっていました。合成繊維、合成樹脂、肥料とペトロケミカル（略称「ペトケミ」、石油化学）の三大製品が脚光を浴び始めていました。合成繊維では、東レ、帝人、旭化成などが強さを発揮していました。

日東化学工業は化学肥料の分野に強みを発揮。わたしは営業担当になり、販売会社の日東物産に配属され、関東の販売代理店に肥料を卸す仕事を任されました。その肥料が飛ぶように売れたことが昨日のことのように思い出されます。肥料を通じて、当時の日本の食料増産にかける意気込みを感じ取ることができました。

その頃､台頭してきたペトロケミカル（石油化学）の中の合成繊維で一番先頭を走っていたのが東レ。その東レが業界で１番給料が高くて、日東化学工業は２番目に高かったのを覚えています。

１９６０年頃の日本は人口も増え続け、食料増産の時代でもありました。化学肥料を扱う日東化学工業の製品の売り先は全国各地の販売代理店でした。まだ全国農業協同組合連合会（全農）などの農協組織が全国組織として影響力を発揮していく前の時代で、肥料の取り扱いが増えていました。

全国の代理店からは注文が殺到しており、それだけ代理店にとっても日東化学工業の肥料は垂涎《すいぜん》の的《まと》だったのです。

窒素《ちっそ》・リン酸・カリウムという肥料の三大要素がありますが、当時はそれらを混ぜて販売していました。その後には、「お米にはこのような配合が最も効果的だ」といったことも分かって来るのですが、その頃は三大要素を混ぜた袋さえあれば、お客様からは「いただきます」と言ってもらえたのです。また化学肥料は〝奇跡の産物〟のように捉えられ、世の中から重宝されていた時代でした。したがって、肥料の品不足時代がずっと続いていました。

それほど大切にされていた商品を売り歩いていたので、わたしが現地を訪ねると、今では考えられないような待遇を受けました。わたしの担当エリアは茨城県や千葉県内などの関東でした。いわゆる米どころとなっている地域の販売代理店に本社から車で通うのですが、これがまさにＶＩＰ待遇だったのです。

朝、車を運転して販売代理店に到着すると、

「いらっしゃいませ！」

販売代理店の社長を含めて社員の方々が温かく迎えてくれる。

「こちらが商品を買っていただいているのに、お客様から逆に感謝されるなんて」

これがわたしの本音でした。肥料を車から降ろそうとすると、販売代理店の社員の方々が持ち運ぶ。地面に降ろすことはありません。彼らにとっては、それほど貴重なものだったのです。ですから、値段の交渉は一切なし。決められた分量の肥料を届けに行っているだけのような感覚でした。

本社でも、ゆとりのあるビジネスライフを送っていました。毎朝、午前８時頃に出社すると、上司が出社してくる午前９時までに上司の机の掃除を済ませておきます。

「おはようございます！」

出社してきた上司に挨拶。

「おう」

すると、上司がこんなことを言い出す。

「じゃあ、お茶でも飲みに行こう」

丸の内ビルディングにある喫茶店「ポールスター」に行って午前9時半頃までコーヒーを飲みながら新聞を読む。それが当時のサラリーマンにとってはお洒落なものだったのです。ちなみに、このポールスターは伯父の藤山愛一郎が作ったもの。洒落《しゃれ》者《もの》だった伯父は外国では会社が社員専用の食堂を持っていると聞きつけ、食堂は日々の運営が大変だからということで喫茶店を開きました。それがポールスターでした。したがって、お店でサインをしておけば、月末の給料から引き落とされる仕組みになっており、当時は大変な話題を呼びました。

化学肥料業界はまさに売り手市場でした。三菱化成工業（現・三菱ケミカル）や住友化学といったライバル企業がいる中で、日東化学工業がかなり先行していました。工場が青森県八戸市にあり、その工場見学に行かされたことがありました。この場所に工場を作ったのも伯父の卓見《たっけん》によるもの。まだ八戸港の港湾設備が整備されていなかったのですが、将来は化学肥料の輸出や原料の輸入にあった工業港づくりにも関与できると踏んでいたのです。リアス式海岸のため入り江が多く、波も静かで深い港。そこに最も大きな工場を作ったのです。ちなみに、藤山愛一郎の弟である藤山洋吉《ふじやまようきち》が後に工場長として赴任した場所でもあります。

「廣瀬さんは給料の良い会社に入りましたね」――。周りからは羨望《せんぼう》の眼差しでみられることもあったくらい、花形だった日本の石油化学の第一線で仕事をさせてもらいました。

米ボストンカレッジ大学院留学を決意

父から「アメリカに行って勉強してこい」と言われ、アメリカのボストンカレッジ大学院に渡ったのは24歳のときでした。当時の移動手段は船。日米間を直行する飛行機がまだ飛んでいない時代でした。日本を発つ当日、出航地となる横浜港には両親や妹はもちろん、親戚一同が見送りに来てくれたので、とてもよく覚えています。留学先であるボストンカレッジは上智大学と兄弟校。どなたかの縁で上智大学の神父さんも見送りに来てくれました。

船と言っても客船ではありません。貨客船《かきゃくせん》と言われる貨物と人を一緒に運ぶ船です。伯父の藤山愛一郎が興した大日本製糖がサトウキビを運ぶため、日本とキューバを往復するときに使っていた船になります。途中でサンフランシスコに立ち寄るというこ

1960年に米ボストンカレッジ大学院に留学時（左から２人目が著者、４人目が母・桜子、中央手前の女性が藤山愛一郎の母・みね、中央奥の男性が父・治郎）

とで、わたしも乗船することになったのです。

サンフランシスコに到着するまでに要した航海日は約８日。意外と早くアメリカに渡れたなあというのが実感で、また、乗っていた船が大変立派で、窮屈な思いをしないで済みました。貨客船とは言いながらも、船底が倉庫となっているだけで、用意された部屋はとても立派なもの。荷主用の３～４部屋のうちの１部屋を借り、特別安くしてもらった料金で便乗させてもらいました。

アメリカでは３年近く勉強して過ごしたのですが、父と違って母は異国の地でわたしが無事に生活を送れるのかどうか心配だったようです。留学中は〝ドミトリー〟と呼ばれる寮に入っての生活でした。ただ、１日３食付きだったので、生活自体に困ることはありませんでしたが、相当な費用がかかったのは事実です。

わたしが留学した１９６０年（昭和35年）当時、海外渡航に際しては、留学・移住などの目的を持った人にしか旅券（パスポート）は発行されず、観光目的では出国することは許されていませんでした。また、留学するに当たっても、日本政府は外貨の持ち出しに神経を尖《とが》らせており、原則１人当たり２５０ドルしか持って行けなかったのです。まだ固定相場だったので１ドル＝３６０円。約９万円しか持って行けなかったという計算になります。

ただ、現地での生活費としては、毎月最低でも１０００ドルなければ生活することはできないのが実情。ですから、アメリカに留学していた最中に、手持ちのお金がなくなって困り果てる学生などが続出していました。そこで日本政府はアメリカに行くパスポートを発行するための条件として保証人制度を創設します。海外に行く場合、保証人を見つけ、その保証人が渡航するために必要な資金については全て責任を持つという保証書を申請書に添付しなければ、パスポートが発行されなくなったのです。

これだけ厳しい環境に置かれていたわけですから留学生も数えるほど。わたしが通ったボストンカレッジ大学院に至っては、わたしを含めて日本人は3人だけでした。1人は聖心女子大学のシスターで、もう1人は眼科医でした。ボストンカレッジはカトリックの大学だったので共学ではありませんでしたが、大学院だったのでシスターも通っていたというわけです。

信号の赤は「警告」 ～アメリカの精神を学ぶ～

ボストンカレッジ大学院に留学中のわたしが学んでいたところは「ビジネス・アドミニストレーション（Business Administration）」。日本語で言えば経営学部といったところでしょうか。3年近く、みっちりと経営についての勉強をさせてもらいました。わたしはアメリカでの留学を経て日本に帰国し、起業家としての道を歩むことになるわけですが、アメリカで生活していた体験からアメリカと日本との価値観の差を肌で感じるようになりました。

例えば、信号の捉え方。日本では信号が赤だと、「横断歩道を渡ってはいけない」

と思っています。理由は「危ない」からです。ところが、アメリカでは違います。アメリカでの赤信号はあくまでも「危ないよ」という〝警告〟を意味していることになります。つまりは、自己責任ということです。「Take your own risk…」。要するに、自分で判断して対応しなければならないわけです。

アメリカでは、赤信号は向こうから車が来るよというサインであって、道路を渡ってはいけないと法律に書かれているわけではないのです。ですから、日本とは考え方が違い、ルールや慣習などの対応も違うということになります。アメリカでは赤信号でも平気で横断歩道を渡るのは、アメリカの人々の深層心理に、このような考え方があるからです。

アメリカは自由の国と言われます。しかし、この自由には自己責任という規律が伴います。17世紀に英国から新天地を求めてアメリカ大陸へ渡り、自分たちの手で国をつくりあげていきました。個々人の自由は尊重し合うが、自分たちの社会運営には一定の規律が必要で、野放図な自由とは意味が違います。

当時、欧州大陸では宗教改革が起こり、カトリック教義に不満を持つ人々が新しい教義の確立を求め、そうした運動を起こす人たちをプロテスタント（新教）と呼びました。英国でもそうした動きが出て来て、ピューリタン（新教徒）革命と呼ばれたりしました。もっと人間らしく生きようという思いをもって、アメリカ大陸に新天地を求めて渡っていく人たちが現れました。よく知られる「メイフラワー号」によるアメリカ大陸への移住です。彼らがメイフラワー号に乗って1620年に新天地であるアメリカの現在のマサチューセッツ州プリマスに渡ったのです。

わたしが通っていたボストンカレッジから車で30分ほど行くと、海辺が見えてきます。岩が立ち並んでいるところなのですが、その中の1つの岩が「プリマスの岩」と呼ばれるもので、メイフラワー号の一行がこの地に上陸した際に、初めて踏んだ岩とされています。アメリカに住み着いた人々はキリスト教の教えを胸に、自由を謳歌した。東部から西部へ向かって開拓が進んでいくわけですが、その過程で先住民（Native American）との闘いも随処《ずいしょ》で行われたという歴史を辿《たど》りました。

そうしたアメリカがイギリスの主権下から離れようと独立戦争を起こし、1776年、ジョージ・ワシントン司令官が独立宣言を読み上げるという歴史的経緯。また、アフリカから綿花栽培の労働力として連れてこられた奴隷の対応を巡って南北戦争も体験してきました。

　このような歴史を辿りながら、アメリカの基本精神は互いに自由を認め合うことであり、同時にセルフ・ヘルプ（自立・自助）の生き方です。事前に規制するのではなく、自立・自助の精神で何事にも臨もうというのが基本的な生き方なのです。ですから、信号の赤はルールではなく、警告になるのです。わたしはこのことをアメリカ人の友人に教わりました。自分たちの人生は自分たちの手で切り拓《ひら》くということにつながり、これは素晴らしい生き方、考え方ですが、その反面、課題もあります。

　自由には自律が求められ、責任が伴います。何か問題が起きると、とかく自らの身を守ろうと、相手の非を唱え、他に責任を押し付ける面もあり、やたらと訴訟に持ちこむこともある。社会のあり方を考えさせられるテーマです。

　日本には「自助・共助・公助」という言葉があります。まず自助の精神を大事にする。自立した個人が共助の精神で助け支え合う。そして、最後、税金や政府の支援がなければ解決できない社会的課題には公助で臨むということだと思います。この自助・共助・公助のバランスが大事だと思います。

東京五輪の年に大日本印刷へ

アメリカへの留学を終えたわたしは自分の人生に大きく影響を与える会社に就職することになりました。それが大日本印刷でした。結果的に、同社には24年間在籍することになりました。

入社のきっかけは、中興の祖と言われ、当時社長であった北島織衛《おりえ》さん（現・大日本印刷の北島義俊《よしとし》社長（２０１８年６月28日から会長）の父）から「アメリカで経営学を勉強してきたのなら、うちの会社に入らないか」と誘われたことでした。

入社した年は東京オリンピックが開催された１９６４年（昭和39年）。その頃の印刷業界は戦後の関係を引きずって労使が激しく対立していた時代でした。ですから、新入社員に過ぎなかったわたしの目から見ても、北島社長が会社の仕事というより、労働組合との闘いに時間を割いている姿を見て、「経営者とは、こんなことまでやらなければならないのか」と感じたことを今でもはっきりと覚えています。

徳永直《とくながすなお》が１９２９年（昭和４年）に出版した小説『太陽のない街』。わたしが大日本印刷に入社した頃の出版業界とは、まさにこの小説に描かれている世界でした。東京の印刷会社を舞台に、ストライキの実態や労働者側が敗北に追いこまれるという労働者の闘いをリアルに描いた小説ですが、大日本印刷も同じような環境に置かれていたのです。

その頃の大日本印刷には割付けの指定に従って、活字や罫《けい》などを組んで製版する職人が約４００人いて、ひたすら工場で活字を拾う作業に明け暮れていました。この作業を行う人たちは〝植字工《しょくじこう》〟と呼ばれていました。その頃の印刷業界は、今のようにデジタル化されていませんでしたから、全てが手作業に依存していたのです。

わたしは現場に来て大変驚きました。現場で働く植字工の手を見ると、みんな指が曲がっている。職人ならではの体験です。彼らはそれだけ一生懸命働いていましたから、たとえ指が曲がっていようとも「これが誇りだ」と豪語するほどでした。

当時は社員食堂もなかった時代です。夜まで残業していると、東京・市ヶ谷の大日本印刷の工場の敷地内にチャルメラを鳴らしたラーメンの屋台が入ってくる。すると、上司が「おい、ラーメンを奢《おご》ってやる」と言って、よくご馳走《ちそう》になったものでした。それからまた夜中の２時まで仕事をする。

毎日、印刷工場に出版社の人たちが原稿を持って来ては「この原稿を明日の午前8時までに組んでおいてくれ。大丈夫だな。俺はもう帰るぞ」と言って帰ってしまう。「そんな締切りでは間に合わない」と不満を言いながらも、粛々《しゅくしゅく》と残業をする日々。印刷会社は出版社から仕事をもらっているという力関係があるだけに、わたしたちは頂いた仕事に辛抱して取り組んでいくしかありませんでした。

その頃の大日本印刷には出版社のための部屋がありました。「校正室」と呼ばれていた部屋ですが、各出版社のお客様ごとの部屋になります。当時、メールはもちろん、ファックスもなかった時代でしたから、出版社の編集者が市ヶ谷まで来て出張校正をすることが当たり前でした。電子機器での原稿のやり取りができたわけではありません。したがって、オートバイでのピストン輸送で原稿の受け取りや引き渡しを繰り返していました。配達費がばかにならなかったことを覚えています。

わたしも入社すると、最初は現場に配属されたので、とにかく家には帰れませんでした。1週間のうち3日ぐらいは会社で寝泊まりするのが通例で、忙しいときには1~2時間しか仮眠をとることができませんでした。それでも病気もしなかったですし、結構楽しく仕事をさせていただきました。これも懐かしい思い出です。

アメリカでの新規開拓の命を受ける

日東化学工業を振り出しに、アメリカ留学を経て、大日本印刷に入り、ビジネスマンとしての経験を積んだ後、１９８８年（昭和63年）にわたしはアメリカ企業のジョンソン・エンド・ジョンソンに入社することになるのですが、このきっかけを与えてくれたのは前出の北島社長でした。

「君にアメリカに行ってもらって、アメリカのビジネスを開拓して欲しい」――。大日本印刷に入社して8年ほどが経ったとき、北島社長から呼び出されて社長室でこう言われました。突然、北島社長からの呼び出しを受け、何を言われるのかと内心ドキドキしながら部屋に入ったのですが、北島社長が〝ある商品〟を指差し、「これはアメリカで売れると思うか？」と聞かれ、「売れると思いますよ」と答えると、「じゃあ、君が担当してくれ」と言われたのです。

赴任地はニューヨーク。当時、大日本印刷のアメリカ法人の社長は現社長の北島義《よし》俊《とし》さんでした。地名だけを聞けば華々しく聞こえますが、アメリカに行っても最初は何もできませんでした。そもそも、その頃の印刷業はローカル産業でしたから印刷物を輸出することもできなかったのです。そこで、アメリカで新規開拓をしようと大日本印刷も進出していたのですが、わたしのミッションは、まさにこの大日本印刷がアメリカで展開する事業を創り出すことでした。

そういう印刷業界の中に身を置く立場にあってラッキーだったのは、大日本印刷が前述の〝ある商品〟を開発していたことです。それは製版の技術で半導体を作る技術を開発していたことでした。大日本印刷は日本の印刷会社の中でも最も早く半導体チップの製造に参入していたのです。

そもそも製版技術とは、様々なフィルムなどの刷版《さっぱん》に光で焼き付けるという技術。この焼き付ける技術（フォトエッチング法）を応用させて、大日本印刷は半導体チップの回路を作ろうという発想で電子部品産業に参入しました。当時、世間では「印刷会社が半導体？」という感じで受け止められていましたが、わたしたちは新事業創出に向けて張り切って仕事に取り組んでいきました。

具体的にどのように半導体チップを製造していたかというと、最初に大きな回路の設計図を書き、それを写真に撮って数分の1のサイズに縮小。細部までしっかり印刷されているかを確認した後、さらに縮小した設計図を縮小する。これを16回繰り返し、1センチ四方の〝集積回路〟ができあがる。

この大規模なものは「大規模集積回路」と呼ばれ、英語の「Large-Scale Integration」の頭文字をとって「ＬＳＩ」という呼び名で今では当たり前になっています。１９６０年代の就職試験では、この集積回路という言葉が問題に出題されるほど、画期的な技術だったのです。大日本印刷はこの技術を確立させて、あちこちに売り込んでいきました。

それにしても、北島社長は凄い人だと思いました。急に思ってても見ないことを言い出すわけですから、わたしも大層驚かされました。しかも、北島社長は私の伯父・藤山愛一郎とも仲が良く、どこからか、わたしがアメリカ留学から帰ってきたことを聞きつけて伯父に相談したのです。そのとき伯父に北島社長が「うちにどうかな？」と提案して下さったと聞いています。

その後、わたしの父が北島社長から直接お話をいただき、父がわたしに「お前はこの話をどう思うか？」と聞いてきたのです。「やり甲斐《がい》のある仕事を任されるかもしれない。ぜひ行きたいですね」とわたしは答えました。わたしの大日本印刷への転職が決まった瞬間でした。しかも、後日、北島社長本人が、わざわざわたしの実家を訪ねて来られたのには恐縮してしまいました。

このとき、北島社長は、半導体分野に進出することを頭の中で描いておられたのだと思います。じっと構想を練ってこられ、わたしが大日本印刷に入社して8年後にアメリカ行きを命じられたといういきさつです。

印刷会社によって開発された半導体を片手に販路拡大

事実、大日本印刷は大変面白い会社だと思います。この集積回路の開発にしても、普通であれば日立製作所や東芝といった電機メーカーが開発することが通例でしょう。ところが、それを手掛けたのが印刷会社だったのです。１９６１年（昭和36年）に東京・市ヶ谷に決して煌《きら》びやかとは言えない建物の中に中央研究所を設け、そこで切磋琢磨して集積回路を作り上げた。大日本印刷が持つ〝ベンチャー魂〟が垣間見ることができるエピソードだと思います。

もちろん、印刷業界の他社から見れば、高みの見物といったところだったでしょう。

ところが、大日本印刷はそこで一気に新しい分野開拓へと舵を切ったのです。しかも、大日本印刷が作った集積回路の品質は確かなものでした。「海外事業はこれで生き抜くことができる」。わたしはこう思い至りました。

今でこそ大日本印刷は業界ナンバーワンになっていますが、わたしが働いていた頃の同社は業界３位。共同印刷、凸版印刷に後れを取っていました。大日本印刷の社員として働いていたわたしから見ても、創業家が越後の長岡から東京に出てきて小石川に立派な本社を建てていた共同印刷は光り輝く存在でした。そのすぐ側には凸版印刷の本社もありました。ライバルの存在には大いに感化されたものでした。

そんな時代にあって、いち早く大日本印刷は集積回路の技術を確立したのです。これが大日本印刷を発展させていきましたし、わたしのアメリカでのビジネスでは、この集積回路が助けになりました。実際、印刷業でアメリカに進出しても、アメリカの地場企業はもちろん、日本勢では上位２社が株券の印刷といった仕事の大半を占めていました。これといった商品もないままにアメリカに行っても勝ち目はありません。そういった最中に出てきたのが集積回路だったのです。

大日本印刷がアメリカで売り込む商品が存在していたことに加え、わたしにとってもう1つラッキーなことがありました。それが「セミコンバレー構想」。当時のカリフォルニア州知事で後にアメリカ大統領になるロナルド・レーガンさんの政策です。レーガンさんは強いアメリカをつくり直すことを目指し、現在のシリコンバレーに当たる地域で「セミコンバレー構想」を進めていたのです。

要するに、新しい産業をサンフランシスコ郊外のセミコンバレーに集めて、サンフランシスコ全体を新産業で活性化するという戦略です。ハリウッド映画の労働組合の委員長を経て、1967年（昭和42年）にカリフォルニア州知事に就任したレーガンさんは産業を強くするため、セミコンバレーに大きな工業団地を整備したのです。今でいうインフラ整備になります。その場所に先端企業を呼び込んだ結果、現在のシリコンバレーへと発展していきました。

アップルやグーグル、フェイスブック、インテル……。今や世界の錚々《そうそう》たる新産業の企業が本社をシリコンバレーに構えています。そうしたイノベーションの基地づくりの基礎をつくったのがレーガンさんであり、今もなお世界中から企業や人材が集まるという流れができています。こうしたことはIT（情報技術）の領域のみならず、バイオやAI（人工知能）など、様々な領域において見られる現象です。レーガンさんはそういった最先端領域のビジネスが発展・成長する基礎を築いていたのです。

インターネットの整備を進めたレーガン・アメリカ元大統領

もう1つ、アメリカの今日をつくり上げたのはインターネットの世界です。実はこれもレーガンさんが関わりました。１９８１年（昭和56年）にアメリカ合衆国大統領になったレーガンさんは世界各地に駐留している軍関係者に対し、誰でも、いつでも、どこでものコンセプトでコミュニケーションを取れるようにしました。それがインターネットです。軍専用のネット情報の送り手と受け手が相互に自由にやり取りできるという意味で「インター」を付けたインターネットを開発し、世界中に使用できるようにしたのです。

まだ軍しか使っていなかったインターネットに対し、国民も無関心だったところ、レーガンさんが一般産業にも役立つと考え、情報公開をした。その結果、インターネットは爆発的に普及したわけです。カリフォルニアのセミコンバレーでいろいろな最先端分野の研究開発者、ベンチャービジネスの関係者が集まるようになり、今のシリコンバレーができていったということです。

ですから、レーガンさんの功績は非常に大きなものであったと思います。レーガンさんは大統領というよりも、産業人という感覚のある人でした。それまで農業州でもあったカリフォルニアを最先端都市に生まれ変わらせたからです。

カリフォルニア州と並び、産業の集積地となっているワシントン州のシアトル。オンライン・ショッピングのアマゾンをはじめ、ＩＴ大手のマイクロソフトも本拠をここに置いています。もともとシアトルは産業都市として発展しつつあったのですが、インターネットの登場でシアトルの企業のビジネスも一気に成長していきました。

新しいものを創りあげる、創造するリーダーということでいえば、今でもわたしの大好きな人物がレーガンさんです。彼の産業界への貢献は非常に大きなものだと言えます。政治家としてのレーガンさんの評価が高いことは今更ですが、産業人の感性を持つリーダーという側面も評価すべきではないでしょうか。

そんなレーガンさんとは多少なりとも縁がありました。それはレーガンさんが大統領に就任するときに、わたしが大統領のサポートチーム「PRESIDENTAL TASK FORCE（プレジデント・タスク・フォース）」に立候補し、選挙の参謀の１人として選ばれたことです。

このプレジデント・タスク・フォースは、要は選挙のアドバイザーの一員です。そのときの通知は今でも大切に保管しています。その通知には「これまでの取組みを見ても分かる通り、わたしが大統領になることで産業界にも役に立つことをする。応援して欲しい」といった内容が書かれており、もちろん、わたしも協力させていただきました。

そんなレーガン時代のアメリカはまさにＩＴ産業の勃興期《ぼっこうき》。大日本印刷の集積回路も買ってもらうことができたのです。テキサス州のダラスに本拠地がある世界的な半導体開発・製造企業のテキサス・インスツルメンツをはじめ、ワシントン州シアトルのマイクロソフト、シリコンバレーに本拠地を置くインテルといった企業に半導体を売っていきました。

ちなみに、わたしが最初に売り込んだ企業はテキサス・インスツルメンツでした。そして、モトローラといった有力企業などへも販路を広げていきました。電気製品が集積回路でつながり、高度化されていく過程で大日本印刷の商品が受け入れられたのです。

大日本印刷アメリカ法人在籍時

ラジオが分かりやすい例ですが、それまで内部の機器をつなぐためには電線を全て半田ごてを使って配線していました。ところが、小さな回路が集まる半導体の登場で、そういった機器が1つの小さな部品で収まるようになったのです。ですから、ラジオも劇的に小さくなりました。電気機器全てが小型化していったのです。

大日本印刷はこの分野で独壇場でした。作れば作るだけ、どんどん売れていくわけですから、アメリカの大日本印刷は見る見るうちに成長していく。2年ほどすると、本社から「それだけ売ったのだから社長をやりなさい」と言われ、1970年（昭和45年）、海外事業部本部長を経て1979

年（昭和54年）には42歳でアメリカ大日本印刷の社長に就任しました。それからほどなく、また思いもしないことが起こったのです。

1本の電話から始まった世界最大のヘルスケア会社への入社

プルルル……。ある年のクリスマスシーズン。たまたま時間の空いていたときに執務室のデスクの上に置いてあった、わたしの電話が鳴りました。

「Yes, This is Hirose.」

電話の相手はATカーニーのヘッドハンターでした。

「廣瀬さん、わたしはATカーニーというヘッドハンティング会社の者です。実はアメリカのジョンソン・エンド・ジョンソン（J&J）という会社が日本法人の社長を探しています。興味はありませんか？」

J&J――。現在、世界60カ国に250以上のグループ企業を有し、総従業員数が約12万7000名を誇る世界最大級のヘルスケアカンパニーです。消費者向け製品をはじめ、医療機器や医薬品の分野で数万アイテムに上る製品を世界中の人々に提供している名門企業で、その根底にあるのが研究・開発への積極的な投資です。研究・開発費は総売上高の約11％を占めており、全産業の中でもトップクラスです。長期的視野に基づいた取り組みが革新的な新製品を生む原動力となっており、市場をリードし続けています。

「まさか、そんな大企業から声がかかるとは……」

わたしは既に大日本印刷に来て20年以上を過ごしていました。先々、日本の本社に戻ることもあるだろうと思っていた矢先のこと。一方で、アメリカでのビジネスライフもとても楽しかったので、迷っている時期でもありました。ただ、まさかヘッドハンティングされるとは夢にも思っていませんでした。しかも、紹介先はあのJ＆J。ベビーパウダーやベビーオイルといった赤ちゃん用品はもちろん、バンドエイドなど同社の商品は各家庭に当たり前のように浸透していました。それほど有名な会社でしたから、胸がときめいたことは事実です。

「これは面白いかもしれないな」

電話越しで話を聞きながら内心、そう思いました。しかし、わたしはいま、大日本印刷でお世話になっている身です。勝手なことはできません。

「少し考えさせて欲しい」

わたしの反応を聞いた担当者はこう聞き返してきました。

「いつ頃、また電話をすればいいですか？」

「３月がわたしの誕生日だから、その頃まで待ってください」

「誕生日はいつですか？」

「３月31日です」

そう答えると、担当者は了解しましたと言って電話を切りました。ニューヨークを拠点にして働いていたわたしの話を誰かから聞いたのかもしれません。もし、北島社長からアメリカ赴任の辞令を受けていなければ、このＪ＆Ｊの話もなかったことでしょう。もっと言えば、たまたま大日本印刷が集積回路を開発していなければ、わたしが実績を挙げるようなこともなかったはずです。ですから、とても悩みました。月日があっという間に経ち、約束の３月31日。再びわたし宛にＡＴカーニーの担当者から連絡が来ました。

「今日は３月31日です。廣瀬さん、決断されましたか？」

考えあぐねていたわたしは口から言葉が発せられず、一寸、沈黙が流れました。最初の電話をもらってからＪ＆Ｊのことを自分なりに調査してみると、調べれば調べるほど面白そうに感じていたのは事実です。わたしはＪ＆Ｊがとても素晴らしい会社であると確信していたのです。わたしはこう答えました。

「分かりました」

電話の向こうで担当者が喜んでいることがすぐに分かりました。

「では、一度、Ｊ＆Ｊの担当者によるインタビューを受けてください」

「日本人がＪ＆Ｊに転職」とアメリカの新聞に掲載

Ｊ＆Ｊの担当者との面談の場所はニューヨーク。わたしの勤務地に合わせてくれました。Ｊ＆Ｊの担当者から話を聞けば聞くほど、グローバルでビジネスを展開しているＪ＆Ｊの凄さを肌身で感じました。「凄い会社だ」。わたしはＪ＆Ｊへの転職を決意しました。ところが、肝心の大日本印刷には誰にもこのことを相談できずにいました。なかなか言い出すことができなかったのです。しかし、このままで行くわけにはいきません。

わたしが北島社長に転職の話を相談したのは、それから半年近くが経ってからでした。Ｊ＆Ｊからは「すぐにも来て欲しい」とオファーを受けていたのですが、どうしてもすぐに動けませんでした。そんなとき偶然にも、わたしにある異動が発令されました。ちょうどその頃、大日本印刷で建材事業部が新設され、その部門のトップ、建材事業部長への異動です。日本への帰国命令が出ました。

日本に帰ってくると、まずは上司への報告。わたしの直属の上司は海外を管轄していた北島義俊《よしとし》さん（現・大日本印刷社長）でした。義俊さんの最初の反応は「ウーン」と悩まし気な台詞。しかし、言わなければならないことは全て言っておかなければなりません。意を決して次のようにわたしの考えを述べました。

「Ｊ＆Ｊは世界一のメディカルカンパニーです。世界一の大日本印刷にも二十余年お世話になりました。そろそろ新しいチャレンジをしたいと思っています」

義俊さんに一通りの報告を終えて部屋から出ると、義俊さんから人事部長に話が行き、人事部長には引き留められることになりました。しかし、自分なりに考えた末の結論です。「本当に申し訳ございません」と頭を下げて理解していただくほかはありません。最後は織衛《おりえ》さんに直接話をすることになりました。すると、織衛さんは「君も言い出したら聞かないからなあ。仕方がないなあ」と苦笑い。最終的にはご理解いただきました。

びっくりしたのはこの後のこと。わたしが大日本印刷を辞めてJ＆Jに転職することが新聞に紹介されたのです。ちょっとした自慢にもなりますが、わたしのJ＆Jへの転職が『ＵＳＡ ＴＯＤＡＹ』紙の記事になったのです。同紙はガネット社が発行するアメリカで初めての一般大衆紙で、１９８２年（昭和57年）に創刊された後、全米50州全てで販売されている全国的な新聞の１つでした。

何がニュースだったか。それはアメリカの企業に転職する日本人であったからです。今ではよくあることですが、当時は日本人がスカウトに乗ることはなかったのです。「ミスター・ヒロセがアメリカの会社にスカウトされた」といった見出しが出たわけですが、アメリカの人々にとって日本企業の終身雇用制度は世界に冠たる制度でもあったので、大変珍しく思えたのでしょう。「ついに現れた！」といった切り口で客観的事実として書かれていました。その意味で、転職を決めたわたしが取り上げられたということになります。

大日本印刷では大変多くのことを学ばせてもらいました。同社での経験を糧《かて》に、わたしは新たな舞台でのビジネスライフを過ごすことになりました。

１９８８年（昭和63年）４月からジョンソン・エンド・ジョンソンメディカルの社長に就任することが決まっていたわたしは、Ｊ＆Ｊの事業会社の社長のためのトレーニングを受けることになりました。その期間はおよそ3カ月。本音では「社長のためのトレーニングが、こんなに長いものなのか」と感じたものです。場所はニュージャージー州のほぼ中央に位置するニューブランズウィック市。このトレーニングを通じて、わたしはＪ＆Ｊの経営の真髄を垣間見ることになりました。

第3章

米J&Jの「我が信条」から読み解く企業の責任

経営観を大きく変えたJ&Jの理念

「Our Credo（アワー・クレド）（我が信条）」――。これはJ&Jの企業理念であり、倫理規定として、世界のグループ各社や社員1人ひとりに受け継がれているものです。この「Our Credo」が全てであるという意識をJ&Jの社員全員が共有していることに感銘を受け、素晴らしいと思いました。

特に衝撃を受けたのはトレーニング中に聞いた「会社は大きくしなくていい」という考え方。普通であれば企業は成長や拡大を追い求めます。特に高度成長期の日本企業の間では、経営トップが「年率何倍の成長」を目標に掲げて社員の尻を叩くような経営が当たり前でした。ところがJ&Jはそれを追求しないというのです。しかも、その理由までグラフに示していました。

要約すれば、カリスマ経営者の手により急激に業績が大きく伸びる会社は一見素晴らしいように見えますが、そのカリスマ経営者が引退した後は、業績が急降下しているというグラフでした。世界ではカリスマ経営者と呼ばれる人たちがたくさんいたわけですが、彼らの率いてきた会社が、そのカリスマ経営者の引退後、どのような状況になっていったかがグラフで描かれていたのです。

例えば、１９８１年（昭和56年）から２００１年（平成13年）にかけて、ゼネラル・エレクトリック（ＧＥ）のＣＥＯ（最高経営責任者）を務めたジャック・ウェルチ氏。ＣＥＯを務めた20年間で、ＧＥの売上高を５・２倍、純利益を８・４倍に伸ばし、同社を世界有数の巨大複合企業に育て上げた大経営者です。

ウェルチ氏は自らの経営手法として「選択と集中」を掲げ、世界で1位か2位になれる事業だけに経営資源を集中させ、それ以外の事業は他社に売却して撤退するという決断を下しました。それにより、ＧＥは「製造業の雄」からＧＥキャピタルに代表される金融サービスをも手掛けるビジネスモデルに転換させたのです。それまでのＧＥ社員たちが全く知り得ない金融という部門で利益の7割を稼ぎ出す構造に変えたわけです。

ところが、ウェルチ氏がＣＥＯを退いた後の２００８年（平成20年）秋、世界中を金融危機が襲います。リーマン・ショックです。既に金融部門が収益の柱になっていたＧＥキャピタルが苦境に陥り、アメリカ政府の保証を受けてようやく存続できる状態になってしまったのです。わたしがJ＆Jでトレーニングを受けていた頃のGEの株価は100ドルを超えていました。それが2018年（平成30年）初めには20ドル前後にまで低落。ウェルチ氏というカリスマ経営者が去ってGEの凋落が起きたのです。

　これは結果論になりますが、そういった流れを予見していたかのように、J＆Jはカリスマ的な経営は望まない。長期安定経営を目指す。そのためには、会社を急激に大きくする事業の芽が出てきたら、小さな会社に分割し、各責任者に権限を委譲させるという戦略をとっていたのです。要するに、優良な小さい会社をたくさんつくることがJ＆Jのスタンスであるということでした。

　企業というのは大きくなればなるほど、成長率は鈍ってきます。これは歴史が証明しているところです。だから「J＆Jは会社を大きくしない」と宣言しているのです。もし、会社を大きくするというのであれば、それぞれの事業体を独立させて小さな会社からスタートさせ、徹底的にインキュベート（支援・育成）していく。それが社長の仕事であると全員に理解させるのです。

　会社を大きくしようと思うのなら、企業規模の小さいうちからしっかり育て上げ、ある程度の規模にまで育ってきたら会社を事業ごとに分割し、その分割された会社をしっかり育てていく。それがＪ＆Ｊの「分社・分権経営」と呼ばれるものです。

カリスマ経営者は要らない！　～Ｊ＆Ｊが進める「分社・分権経営」の真髄～

この分社・分権経営では、「お目付けをつけてはならない」と決めています。自分が良かれと思った社長に全てを委譲させる。それが会社を長期で安定させ伸ばしていく方法だということを学びました。そのＪ＆Ｊのスタンスは今でも変わりません。ですから、カリスマ経営者には絶対になってはならない。カリスマ経営者は辞めた後に必ず社員に迷惑をかけてしまう。その迷惑とはビジネスが萎《しぼ》んでいくことです。

ウェルチ氏の例を先に出しましたが、他にもアメリカのシティバンク銀行のＣＥＯ（最高経営責任者）を務め、１９７０年代に業界でも最も早くＡＴＭ（現金自動預け払い機）の可能性を模索したリストン会長やアメリカの自動車大手、フォード社長やクライスラー会長を歴任し、両社を経営危機から救ったアイアコッカ氏なども J＆J の教材として取り上げられていました。

まさに目からウロコ——。Ｊ＆Ｊの経営は、わたしの経営観を大きく変えました。

とにかく成長したら分社して自分の目に叶う人材に権限移譲して経営は任せる。それこそが、会社が長期で安定して成長する方法だということを徹底していたのです。ある国のトップに権限を委譲したら、本社は決して口を出しません。

したがって、Ｊ＆Ｊでは共産圏であろうと、自由貿易圏であろうと、ＥＵ（欧州連合）であろうと、全ての国や地域で利益を上げることを各会社のトップの使命としています。世界のＪ＆Ｊを利益ベースで見ると、アメリカに次いで最も利益を出している国は中国です。中国でもＪ＆Ｊはしっかり収益を立てているということになります。それは現地の社長に全てを任せているからです。今もＪ＆Ｊはそれを実行しているのです。

ブラジルのＪ＆Ｊについて聞きたいことがあっても、本社のＣＥＯに尋ねたところで「私は何も知らないよ」と平気で言います。自分たちはブラジルのＪ＆Ｊのビジネスをバックアップしているだけで、ブラジルのＪ＆Ｊのビジネスについては、ブラジルのＪ＆ＪのＣＥＯに聞いて欲しい。こう言うわけです。Ｊ＆Ｊは日本の企業のように、世界中にある自社グループのビジネスの状況を全て把握しようとするスタンスをとっていないのです。権限移譲が徹底されているわけです。

当時、興味深いデータがありました。それはニューヨークのビジネスマンに「現在のJ&Jの社長は誰ですか」という質問をしたところ、答えられたのが100人のうち3人しかいなかったというものです。カリスマ社長にならなくていいわけですから、自分の名前を売る必要がないということです。

55年連続の増配を実現できる秘訣《ひけつ》とは？

あくまでもJ&Jの商品を買ってもらえばいい。これがJ&Jの特徴です。その集積が今、55年連続の増配という結果につながっています。オイルショックやリーマン・ショックという世界的な減退期を迎えても、J&Jは一度も減配することなく増配を続けているのです。

ちなみに、130年を超えるJ&Jの歴史の中で、業績が下がったときがあります。それが1929年（昭和4年）の世界大恐慌のときでした。工業生産や消費者の購買力が激減し、J&Jの業績にも影響を与えたのです。それからもう1つの理由があります。それはビジネスルールが大きく変わったことです。退職金を会社のオペレーション（運営）に当ててはいけないと変わりました。ですから、大変特殊な事情が相まってＪ＆Ｊは業績が低迷したのです。

　そういったことがなぜできるのか。１人の人間に頼って、その時代には売上高を大きく伸ばせてもＪ＆Ｊでは評価されません。Ｊ＆Ｊは自分たちが何のために生きるのか、何のために働いているのかということを徹底的に考える会社なのです。「あなたのミッション（使命）は何ですか？」「働くとはどういうことだと思いますか？」。そういったことを問い続けるＪ＆Ｊでわたしは揉《も》まれました。

　世にエクセレント・カンパニーと呼ばれる企業がありますが、こうした企業ほど経営理念、信条をしっかり持ち、自分たちのミッションを明確に掲げています。こうした企業は、好不況の波に揉まれながらも立派な業績をあげ続けています。Ｊ＆Ｊ日本法人の社長を務めたわたしにも、世代を超えて経営者の方々から、いろいろな相談を受けることがあります。

　そういうときに、まず経営理念や信条をしっかり構築し直すことが大切ですと申し上げています。そして、わたしたちは何のために働き、どう生きるのかを問い続け、組織の一人ひとりが使命感を持つことが大事だと訴えることにしています。

つまるところ、会社は誰のためのものか、自分たちは何のために存在するのかという根本（エッセンス）を問い続けるということだと思います。

日本にも経営理念を大事にする企業があります。例えば、稲盛和夫さんが創業された京セラがそうです。稲盛さんは鹿児島県の生まれで、７人兄弟の二男として生まれました。鹿児島大学工学部を卒業し、教授の紹介で京都にあるファインセラミックス関係の会社に就職。その後、会社が経営危機を迎え、社内で開発方針を巡る相違があって退社し、仲間と京都セラミック（現・京セラ）を設立し、社長に就任しました。それが今では電子機器やファインセラミック関連事業の大手メーカーにまで成長してきたのです。

そんな稲盛さんの言葉として有名なものが「利他の精神」です。これは仏教から来る言葉ですが、「自利利他」の考えにつながります。つまり、他人の利益を図る。事業は、世のため、人のためという考えで、社会に役立つモノづくりやサービスを考える。そうすると、結果的に自利、つまり自分を生かすことになるということです。自分の利益をまず図ろうとすると、他との関係もギクシャクしがち。他者との共存共栄を図るには、この「利他の精神」が大事だという稲盛さんの基本的な考えであり、経営理念です。そういった理念は、J&Jと全く同じ精神だと思います。

稲盛さんとは何度か講演会などでお目にかかる機会がありました。大日本印刷で働いていた頃は京セラとも近しい業種でしたので、既にその頃から印刷業界でも稲盛さんは有名でした。一緒に講演したときもありましたし、わたしの講演に稲盛さんが聴講しに来てくださったこともありました。「廣瀬さんの話だったら聞きに来ますよ」。そんなありがたいことも言っていただきました。また、「J&Jの経営は本当に勉強になる」ともおっしゃっていました。

「我が信条」で謳われている優先順位

さて、そのJ&Jの経営理念「Our Credo（アワー・クレド、我が信条）」について説明したいと思います。通常、アメリカの株式会社においては、ステークホルダー（利害関係者）との関係について、株主、顧客、従業員、地域社会の順に優先順位が置かれるケースが多いのですが、J&Jは違います。最初に来るのは「顧客」です。つまり、株主よりも顧客を優先している会社なのです。そして最も重要なことは「Our

Credo」には、何のために生き、何のために働くのかという本質的な問いに対する答えが含まれています。

それには「必ずミッションを持つ」ことが大事ということが謳《うた》われます。会社運営に関わるステークホルダーの優先順位も「企業は顧客、社員、地域社会、株主に対して責任をもたなければならない」としっかりと明記されています。

まず、顧客が大事と強調します。自分たちの製品やサービスを買ってくれる人がいるから自分たちの事業が成り立つとして顧客のためになる行動をしていこうということです。アメリカの大手の企業が優先順位を最初に掲げる株主は、Ｊ＆Ｊの場合、最後にきています。これは株主を軽視するというのではなく、全く逆。正当な利益をあげ、株主にも十分な配当ということで利益を還元していくのは言うまでもありません。

そして、社員を2番目に挙げています。Ｊ＆Ｊは社員に疑念を持たせないように、経営の透明度を高め、全ての情報を公開するようにしています。ですから、社長や役員の報酬も全て発表していますし、その根拠となる評価の説明も株主への報告書に全て書かれています。ですから、評価にも非常に厳しいものがあります。その詳細は後述しましょう。

昨今、日本の企業の不祥事が続発しています。経営という観点から、わたしが１９８８年（昭和63年）から15年近く在籍していたＪ＆Ｊの経営から学ぶべきこともあるのではないかと思います。Ｊ＆Ｊのグループ会社は日本だけでも４社ほどあり、グローバルにビジネスを展開しています。いかにＪ＆Ｊのグローバル化が早かったか。それは、わたしがジョンソン・エンド・ジョンソンメディカル社長に就任した頃から「世界社長会」という会議が開催されており、当時で総勢１２０人くらいの各国の社長が一堂に会して会合を開いていたことからも分かります。

世界社長会では、各国のＪ＆Ｊの社長が集まり、どんな時代が到来するかを勉強します。世界各国にＪ＆Ｊのトップがいるわけですから、各国のＣＥＯの話を聞いて全員が世界の動きを勉強する。本社のＣＥＯが壇上に上がってビジネスの方向性を決めるようなことは絶対にやらないのです。ここが日本の企業とは決定的に異なる点でしょう。

世界社長会は3年に一度、世界各国持ち回りで開催されるのですが、過去、日本でも東京の帝国ホテルで1週間ほどの貸し切りで「ボード・オブ・ディレクターミーティング」という幹部会議が開かれたこともあります。そこでわたしはイタリアのＪ＆Ｊ

のＣＥＯからこんなことを言われました。

「わたしは日本に来ると、いつも不思議に思うことがあります」

それは何ですかと尋ねると、彼は次のように続けたのです。

「日本企業の日本人社長は、みんな日本という国を憂いている。日本の将来を大変心配している。なぜそんなことを心配する必要があるのでしょうか。国家が潰れることなんてありませんよ」

その後、イタリアは大変な財政赤字を抱えて国家として厳しい道を歩むことになるわけですが、イタリアのＪ＆ＪのＣＥＯが言いたかったことは、国の心配をするよりも、まずは自分の会社を心配する方が大事なのではないかということでした。

イタリアの企業はとてもユニークです。高級ブランドのプラダやグッチに始まり、高級自動車メーカーのフェラーリも独特な経営をしています。世界企業でもあるフェラーリの本社は片田舎にあります。５台ほどの車が飾られている小さなショールームがあるほどの大きさで、一瞬、本当に世界を代表するフェラーリの本社なのかと疑ってしまいます。そこには写真やパネルが飾られていて、こんな趣旨のメッセージが書かれていました。

〝世界で中古車の価格が最も下落しないのが我々フェラーリだ。この年代に造られたシリーズは世界中のどこに行っても、一定の価格を維持している。それは我々が価格をコントロールしているからだ。中古車市場は我々フェラーリが押さえている。だから、決して安売りなどさせない。車を乗り終えた後の中古車市場をどのように作るか。そこには我々のノウハウがある。それが我々の武器であり、誰も真似することはできない……〟。このように彼らは自慢しているのです。

分かりやすく言えば、アメリカであろうとリトアニアであろうと、中国であろうと、どこに行っても、その国の富裕層がフェラーリを買う。でも、価格は中国でも日本でもヨーロッパでも同じ。インターネットを使って、あるモデルの中古車を購入したい消費者がいれば、同じものを求める消費者を比べて最も高く購入してくれる消費者を選び出してマッチングさせているのです。

一度辞めた社員でもＣＥＯになれる！

会社は小さくても世界を相手にしている企業が多いところがイタリア企業の特徴。

日本の企業とはまるで違うビジネスモデルを展開しているわけです。そういった国も含めて、Ｊ＆Ｊは世界中でビジネスを展開し、55年連続増配を実現できているのです。それは「Our Credo」という世界各国のＪ＆Ｊに共通する経営信条が基本にあるからです。この思想は理念型経営を実現している模範として世界中から注目されています。

そもそも企業には、それを運営していく経営理念が必要であり、そして自分たちの使命とは何かをしっかり把握して、自分たちの会社が社会の中でどのような位置づけにあるかを認識しなければなりません。しかし、そういったことまで実践している企業はまだ少ないように思います。

日本の企業では、株主が第一なのか、２番目のステークホルダーは何なのか。そういったことを社員も分からず、社長を誰が決めるのかということも不透明です。

その点、Ｊ＆Ｊは透明性を持たせて社員一人ひとりに伝えています。Ｊ＆Ｊには独立した社外取締役の委員会があり、その委員会が社長を指名します。したがって、現役の社長が後任の社長を独断で決めることはできません。もちろん、「自分は彼が適任だと思います」といったリコメンデーション（推薦）をすることはできます。しかし、最終的にはその推薦も加味した上で、委員会が決めるのです。

日本企業の社員に「あなたの会社の社長は誰が決めていますか?」と聞いても、誰も答えられないのではないでしょうか。J&Jは社員に疑念を持たせるようなことは決してしません。全てを明確にするのです。ですから、会長や社長の報酬はもちろん、役員幹部の報酬も全て発表しています。

その金額はどのような評価の下で決められているかということの説明もJ&Jの株主への報告書に全部記載されています。誰がどのくらいの報酬をどのような成果を挙げて得ているのか。そういったことまで社員全員が知ることができるようにしているのです。ですから、J&Jの評価はシビアです。

社外取締役の委員会で今の社長は厳しいと評価されれば、すぐに交代を求められます。ただ、交代した社長もすぐに別の会社にスカウトされることが多い。また、あるときは大変好調で利益も出している事業があったとしても、5年後、10年後もその商売が残り続けるか。仮に先細る可能性があれば、その事業を高く売れるうちに売る。その売却で得た資金を新たなビジネスに投資していきます。その経営判断は日本と比べても格段に早いのです。そういった点もJ&Jの強さの秘訣だと思います。

かつてアメリカのJ&JのCEOを務めたラルフ・ラーセンは出戻り組です。若い頃に会社と衝突したラーセンはＪ＆Ｊを辞めて、その後、ライバル会社に転職しました。その会社にしばらくいたのですが、本人が「やっぱりＪ＆Ｊで仕事がしたい」と言って、再びＪ＆Ｊに帰って来てＣＥＯに就任したという異色の経歴です。

世界で優秀な社長に贈られる賞を授与。左端が当時のJ&Jのラルフ・ラーセンCEO

つまり、Ｊ＆Ｊは一度会社を離れた人でも、また戻って来ることができる会社なのです。Ｊ＆Ｊではお役ご免になった場合、こう解釈しています。それは、たまたま今はあなたの役回りではなくなったということであり、決してあなた自身の人格を否定しているわけではありません。再びＪ＆Ｊに戻って来て、その役割を演ずるチャンスはいくらもあるよということです。可能性を追い求めていく生き方、働き方をしていこうという経営風土のＪ＆Ｊなのです。

これは「Credo Challenge（クレド・チャレンジ）」と呼ばれるクレドのトレーニングにも出てくる言葉です。このクレド・チャレンジを学ぶ場として「クレド・

チャレンジ・ミーティング」が開かれており、１９７５年（昭和50年）以来続いている公開議論の場です。研修の一環ですが、率直な議論をする場でもあります。

クレドの文面はこれで適切なのか。変更すべきところはないのか。あるいは削ったり、追加すべきところはないのか。さらに、あなたはクレドを実践しているか、実践していなければ行動を変えようと思うか、あなたの職場や上司はクレドを実践しているか、といったことを世界中の社員を巻き込んでやっています。

部下が上司を評価する仕組み

Ｊ＆Ｊの業務上、異動させられたり、別の会社への出向を命じられたりするのは、人格を否定しているものではありません。仕事をやっているのだから、あなたは今の仕事に合っていないだけだというわけです。その代わり、人間性に違反するような行為、あるいはコンプライアンスに違反するような行為をすれば、即刻クビになります。

また、１９４３年（昭和18年）に起草された「Our Credo」を社員が守っているかどうかを調査する活動があります。これが「Credo Survey（クレド・サーベイ）」で、社外に「クレド委員会」という組織が設置されていて、このクレド委員会が調査をします。

内容は質問形式になっていて、例えば、「直属の上司を各面で評価すると、どれに当てはまりますか?」「直属の上司が今後進みたい方向やキャリア目標についてアドバイスをしてくれますか?」「目標や仕事の内容を分かりやすく説明してくれていますか?」など、上司の行動に対する質問になっています。

他にも「仕事の成果についてフィードバックをしてくれていますか?」といった質問や「仕事の改善につながる提案を積極的にしてくれていますか?」「仕事をうまく進めるために必要な情報を提供してくれていますか?」といった質問を社員一人ひとりが回答していきます。

最後の方では、「直属の上司は業務遂行能力があると思いますか?」「総合的に見て仕事をしていると思いますか?」といった質問が出てきて、それぞれ「良い」「どちらかといえば良い」「良くない」といった項目で回答していくのです。これを繰り返していくことで、部門を超えた会社全体のチームワークが醸成されていくとJ&Jは考えているわけです。このクレド・サーベイには、予算で年間４億円をつけて徹底して行っています。

なぜそこまで力を入れるのか。Ｊ＆Ｊは「Our Credo」で成り立っている会社であると理解しているからです。常に社員一人ひとりが「Our Credo」に沿って行動しているか。これをフォローすることが一番大事なことであると考えているのです。「Our Credo」がＪ＆Ｊのバイブルであり、Ｊ＆Ｊのミッション・ステートメント（経営理念）であるということです。だからこそ、ＣＥＯの報酬やボーナスまで、いくらであるかを全てオープンにしているわけです。

それはメディアに対しても同様にオープンです。１９８２年（昭和57年）にＪ＆Ｊの鎮痛剤を飲んだ服用者が亡くなった「タイレノール事件」が起こったときも、当時のＣＥＯだったジェームズ・Ｅ・バークは殺到したマスコミを自分の執務室に招き入れました。ガラス張りの自分の部屋にいれば、全ての情報が届くからという理由からでした。

結局、報道機関に社長室をはじめ、秘書がいるエリアも開放し、どうぞ入ってくださいと全てを開放したのです。だけど、仕事の邪魔だけはしないで欲しいと言って、手元に届いてくるニュースは全て拡声器で報告したのです。ちなみに、このバークが

ＣＥＯ時代にわたしが採用されました。

　トラブルが発生したときは「Our Credo」に戻れ――。社内では昔からこのように言われています。ですから、バークも事件が発生したときには「Our Credo」という原点に立ち戻って、会社に押し寄せたマスコミ関係者を全員、自分の部屋に受け入れることを決断したのです。この「Our Credo」が世界中のＪ＆Ｊ社員全員に染み付いているわけです。Ｊ＆Ｊでは「Our Credo」は「個別事業会社60カ国・２５０社を世界最高・最強のヘルスケア企業というゴールに向かわせるためのボンディング（結び付ける）の役回りを果たしている」と教えられます。

　Ｊ＆Ｊの「Our Credo」は企業の教科書、お手本のような存在になっています。会社が拠《よ》って立つ上で最も大事なものを顧客としているわけですが、どこの会社も〝カスタマー・ファースト〟は当たり前だと思います。しかし、会社が果たすべき2番目に大事な責任を「社員に対する責任」と宣言している会社は意外と少ないのです。

　このタイレノール事件は、Ｊ＆Ｊの「Our Credo」が浸透している事例として世界的に有名になっています。この事件が起きた際のＪ＆Ｊの対応が世間から賞賛されることになったからです。

J&Jの経営理念を世間に知らしめた「タイレノール事件」

1982年（昭和57年）9月30日、「シカゴ・サン・タイムズ」紙からJ&Jに1本の通報が届きました。その内容は外部の第三者によってJ&Jの鎮痛剤「タイレノール」にシアン化合物が違法に混入されたという衝撃的な内容だったのです。その後、シカゴ警察が、シアン化合物によって死亡した7人の市民が直前に「タイレノール」を服用していたことを発表。全米を震撼《しんかん》させました。

タイレノールは国民薬と言っていいほど、米国全土に普及していた薬でした。したがって、このシカゴ警察の発表によって、アメリカの全国民が大きな不安に陥ったのです。厳密に言うと、タイレノールの製造元はJ&Jの子会社だったのですが、ほとんどのアメリカ国民は「タイレノールはJ&Jが製造している薬」と認識していました。

ただこの時点では、タイレノールにシアン化合物が混入されている疑いがあるというだけで、タイレノールそのものが死亡原因となっているかどうかは不明でした。この一報を受けたＪ＆Ｊでは、経営者会議を招集し、対応を協議しました。経営者会議では、すぐに結論が出ました。経営者会議での決議を受けて、バークＣＥＯは記者会見を開き、消費者に対し次のように発言します。

「タイレノールは飲まないようにしてください」

アメリカ全土にこのように警告を発し、混入の疑いのあるタイレノールの全回収を発表したのです。このときＪ＆Ｊは原因が特定されていなかったにもかかわらず、1億ドルをかけて全品回収を決めました。事件発生直後、Ｊ＆Ｊはマスコミを通じた積極的な情報公開を行いました。衛星放送を使って30都市に同時放送を実施。専用フリーダイヤルも設置し、事件後11日間で13万６０００件の電話があったといいます。また、新聞の一面広告やＴＶ放映をするなどの対応策も行いました。

一部からは「そこまでやらなくてもいいのではないか？」といった声も出たのですが、「Our Credo」には何と書いてあるか。それは顧客が一番大事だと書いてある。どこに問題があるのか分からなければ、全部回収すべきだ。バークがすぐにそれを決断したのです。これにより「Ｊ＆Ｊは凄い会社だな」という評判が世界中を駆け巡ったのです。結果的には、毒を入れられたという犯罪であることが後に判明しました。

タイレノール事件が発生した後、バークCEOは夥《おびただ》しい数のテレビニュースや記者会見に登場し、J&Jが会社の利益ではなく、消費者の命を守ることを第一に考えているという会社の姿勢を示し続けました。即座にタイレノールの生産は中止され、販売を中止し、小売店からタイレノールの全製品が回収されたのです。

他にも、消費者向けのホットラインが開設され、前出したように、あらゆる情報を提供する姿勢も示しました。タイレノールを消費者から回収するために、引換券も発行し、シアン化合物を含まない新しい薬と交換できるようにもしました。

さらにJ&Jは二度と同じようなことが起こらないようにするための対策を取りました。異物混入を防ぐため、3層密閉構造の新パッケージを開発したのです。外箱の折り蓋《ふた》は、全て糊付《のりづ》けで密閉し、ボトルのキャップは強いプラスチックのバンドでネック部に密着させ、ボトルの入り口を強固な内部のファイルで密封するという構造にしました。

ところが再びタイレノール事件が発生してしまいました。そこでJ&Jは異物混入を防ぐ更なる強化策として、剤型《ざいけい》をカプセルからカプセルのように見せた錠剤《じょうざい》（ジェルキャップ）を開発。さらにリスクを防ぐための取り組みを行ったのです。

そして、いよいよ販売を再開するというときに「タイレノールが帰って来ました」という広告を出すと、消費者から凄まじい反響が出て、販売を停止していた期間の売り上げの大半をあっという間に取り返したのです。しかも、被害者の遺族から裁判を起こされることも一切ありませんでした。

ビジネススクールの教材になったＪ＆Ｊの対応策

今では、このタイレノール事件のケースは、アメリカのビジネススクールにおいて、失敗したときに会社が取るべきマナー、あるいは対応のケーススタディとして例示されています。また、当時のブッシュ大統領（父）もＪ＆Ｊの対応に大変感動し、Ｊ＆Ｊにナショナルメダルを贈りました。そのメダルには「国のために最も尽くし、責任ある行為をした」といった言葉が刻まれていたことを覚えています。

ですから、アメリカ政府もＪ＆Ｊの対処に驚いたのでしょう。パッケージを改良するまで主力製品の販売を再開せず、改良を重ねて異物が混入しない完全な形にしてから販売を再開したわけです。しかも、消費者はこぞってタイレノールを買い、今までの平均の売上高を優に超える売上高を記録しました。ナショナルメダルの授与式では、バークCEOはマスコミから「どうしてJ&Jはこのような対応ができたのですか?」と聞かれたとき、彼はこう答えました。

「わたしでなくてもJ&Jの社員であればみんなできる。我々は何かあれば『Our Credo』に立ち戻るからです」

これを機にJ&Jの「Our Credo」は世界中で有名になりました。実はこれと同じような事件が以前、日本でも大手の食品メーカーで起こったことがありました。その食品メーカーの製造した加工食品に使われた材料に問題があり、それを食べた消費者の何人かが体調不良を訴えたのです。ただ、1カ月ほどが経過しても、なかなか原因が特定できませんでした。それでもその食品メーカーの社長は全品回収を指示しました。

「あなたの会社の売り物は、その加工食品しかない。そんなことをしたら会社が潰れてしまうのではないですか?」。マスコミからこう尋ねられた社長はこう回答しました。

「会社は潰れてもいい。原因を解明して改善できない会社であれば、存続する意味がない」

こう言ってのけたのです。後にわたしはその社長から当時の対応について、実はJ&Jのケースを学んでいたと聞きました。そういう意味では、タイレノール事件時のJ&Jの対応は企業経営の教科書になっていると言えるでしょう。

さてここで「Our Credo」を紹介したいと思います。「Our Credo」は世界中のJ&Jのカンパニーで共有されており、世界の各地域で36の言語に訳されています。書かれている内容は同じです。

Our Credo

Johnson&Johnson

J&Jの「Our Credo(我が信条)」(ホームページより)

我々の第一の責任は、我々の製品及びサービスを使用してくれる医師、看護師、患者、そして母親、父親をはじめとする全ての顧客に対するものであると確信する。顧客一人ひとりのニーズに応えるに当たり、我々の行う全ての活動は質的に高い水準のものでなければならない。適正な価格を維持するため、我々は常に製品原価を引き下げる努力をしなければならない。顧客からの注文には、迅速、かつ、正確に応えなければならない。我々の取引先には適正な利益をあげる機会を提供しなければならない。

我々の第二の責任は全社員――世界中で共に働く男性も女性も――に対するものである。社員一人ひとりは個人として尊重され、その尊厳と価値が認められなければならない。社員は安心して仕事に従事できなければならない。待遇は公正かつ適切でなければならず、働く環境は清潔で、整理整頓され、かつ、安全でなければならない。社員が家族に対する責任を十分果たすことができるよう配慮しなければならない。社員の提案、苦情が自由にできる環境でなければならない。能力ある人々には、雇用、能力開発及び昇進の機会が平等に与えられなければならない。我々は有能な管理者を任命しなければならない。そして、その行動は公正、かつ、道義にかなったものでなければならない。

我々の第三の責任は、我々が生活し、働いている地域社会、さらには全世界の共同社会に対するものである。我々は良き市民として、有益な社会事業及び福祉に貢献し、適切な租税を負担しなければならない。我々は社会の発展、健康の増進、教育の改善に寄与する活動に参画しなければならない。我々が使用する施設を常に良好な状態に保ち、環境と資源の保護に努めなければならない。

我々の第四の、そして最後の責任は、会社の株主に対するものである。事業は健全な利益を生まなければならない。我々は新しい考えを試みなければならない。研究開発は継続され、革新的な企画は開発され、失敗は償《つぐな》わなければならない。新しい設備を購入し、新しい施設を整備し、新しい製品を市場に導入しなければならない。逆境のときに備えて蓄積を行わなければならない。これら全ての原則が実行されてはじめて株主は正当な報酬を享受《きょうじゅ》することができるものと確信する。

株主優先社会を否定する「我が信条」 ～会社は誰のものか？～

「Our Credo」において、会社が拠《よ》って立つ上で一番大事なものは顧客であるとしています。この顧客とは単なる消費者だけを指しているわけではありません。得意先も含まれます。それはつまり、医師や看護師、患者、さらに父親と母親です。彼ら一人ひとりのニーズに応えるため、我々が行う全ての活動は質的に高い水準のものでなければならないのです。

そして2番目に大事なものが社員に対する責任です。世界中で共にJ&Jで働く男性や女性に対してJ&Jが果たす責任ということになります。社員それぞれを一個人として尊重し、その尊厳と価値を会社は認めると謳っているのです。J&Jでは株主よりも社員が優先順位で上に来ます。株主より社員を上に位置付ける会社というのは、あまりないでしょう。

3番目に大事なのは地域社会に対する貢献です。税金の払い方を含めて、地域にどのくらい責任を持っているかということをしっかりと経営に活かされなければならないということです。

4番目の最後の責任が株主に対するものになります。したがって、J&Jにとって責任を果たす最後の存在が株主ということになります。つまり、J&Jは株主優先の会社ではないと言っているのです。株主への責任を全《まっと》うする以前に、事業は健全な利益を生まなければいけないと結論付けている。これがアメリカのJ&J以外の会社に最も注目されている部分でもあります。Ｊ＆Ｊは60年も前から株主への責任は最後だと宣言していたのです。

コーポレート・ガバナンスという言葉がここ数年、企業が不祥事を起こす度に、耳にするようになりました。このコーポレート・ガバナンスは日本語では「企業統治」と訳され、「企業は誰のものか」という内容の言葉として各所で議論されています。

株式会社にはＣＥＯをはじめとする業務執行者と株主をはじめとする様々な利害関係者（ステークホルダー）がいます。いずれの立場にあるにしても、会社が法令を遵守し、効率的に運営されることが求められるわけです。そのような形で業務執行がなされるようにコントロールしたり、モニタリングしたりする仕組みや体制がコーポレート・ガバナンスとなるわけですが、これは株主を最優先で見た発想になります。

ところがＪ＆Ｊでは株主優先社会ではありませんと言っています。株主への責任を全《まっと》うする前に、しっかりと利益を出せなければ、配当もしませんと宣言しているのです。当たり前の話です。そのためにも、我々は新しい考えを試みなければならない。つまりは開発です。常に新しいことにチャレンジし、研究開発は継続していかなければならないということです。

革新的な商品を開発するためには、失敗も積まなければならない。ただ、その失敗をどうやって償ったかは明確にしなければなりません。新しい設備を導入し、新しい施設を整備する。その結果、新しい製品を市場に導入し続けなければならないというわけです。それに加えて、逆境のときに備えるため、蓄積も行っていなければならない。これら全ての原則が実行されて初めて、株主は正当な報酬を享受《きょうじゅ》することができるのです。

ですから株主は、会社がこれだけのことをやっていなければ、報酬を要求できませんと読み取れます。これは多くのアメリカの会社とも違うと思います。J&Jでは株主総会で、この説明を株主に向かって「これがわたしたちの理念なんです」と毎回のように行います。わたしも株主総会には何度も出席しましたが、チェアマンが必ずこの理念を説明していました。これがわたしどもの理念であり、これを守ることが会社の掟《おきて》なんだと。これだけの投資をした結果、利益として残って初めて配当するわけですから、もっと配当しろと言われても、これ以上の配当はできません。しかし、あなたは株主として株を売る権利はありますと言うのです。

製造業で時価総額ランキングのトップに名を連ねる

この「Our Credo」は会社のトップであるCEOも守らなくてはならない。そう言ったことが言えるのは、世界広しといえどもJ&Jしかありません。55年間も連続して増配していれば株主も文句は言えません。「あなたはこれ以上、何を望むのですか？」という話です。J&Jの配当性向は4割を超えています。1株当たり約400円という計算です。日本の企業では線を引いたように3割を目安としていますから、その差は歴然です。

これを裏付けるようにJ&Jの業績も伸びています。同社の売上高は約7兆4000億円。毎年1割前後の増収を続けています。つまり、毎年7000億円ほどの売り上げを増やしているという計算です。しかも、リーマン・ショックのような金融危機が起こったとしても、アメリカの大統領が代わったとしても継続しているのです。ですから、J&Jに対する投資家の評価も自ずと高くなります。

2018年（平成30年）3月現在（2017年決算書を参考）の世界の企業の時価

総額ランキングを見てみると、次のようになっています。①米アップル（約90兆円）、②米アルファベット（グーグル）（約77兆円）、③米アマゾン・ドット・コム（約73兆円）、④米マイクロソフト（約72兆円）、⑤中国テンセント・ホールディングス（約52兆円）、⑥米フェイスブック（約51兆強円）、⑦米バークシャー・ハサウェイ（約51兆弱円）、⑧中国アリババ・グループ・ホールディング（約47兆円）、⑨米JPモルガン・チェース（約40兆円）、⑩中国工商銀行（約38兆円）、そして⑪米ジョンソン・エンド・ジョンソン（約35兆円）と続きます。

J&Jより上位の企業で製造業はありません。IT企業か金融になります。製造業でありながら、これだけの企業規模を誇っているのです。デジタル時代を迎え、世界のトップ企業の顔触れは大きく変わりました。工場といったハードを持たず、アイデアやデジタル世界でのサービスといったソフトで勝負する会社に様変わりしています。ハードに投資して良い商品をつくる会社よりも、ソフトに投資してハードを持つ会社に良い商品をつくらせる会社が強くなってきているということを意味しているのです。だからこそ、自動車産業では既存の自動車メーカーがIT企業の下請けにならぬよう、自動運転技術を持っているベンチャー企業などに投資をしているわけです。

参考までに日本で時価総額トップのトヨタ自動車は38位の約20兆円になります。アメリカでは４０００社近く上場企業がありますが、格付け機関による格付けで「トリプルＡ」の評価を受けているのは2社しかありません。かつてトリプルＡだったＩＢＭやＧＥは脱落し、結果として今でもトリプルＡの評価を得ているのはマイクロソフトとＪ＆Ｊだけです。

マイクロソフトとＪ＆Ｊの間でも決定的に異なる点があります。それはカリスマ経営者の有無です。マイクロソフトにはビル・ゲイツさんがいます。しかし、Ｊ＆Ｊにはいません。ここは大きな違いです。日本でもカリスマ経営者はいます。例えば、ソフトバンクグループの孫正義社長はまさにそうでしょう。

国内外でもカリスマ経営者の手腕によって成長している企業は多々あります。しかし、それはＪ＆Ｊのスタンダードから見ると本物ではありません。むしろ、目立たない社長だったかもしれないけど、Ｊ＆Ｊの長期安定経営に貢献した人物こそ、Ｊ＆Ｊでは大合格なのです。

第4章

馬と過ごした幼少期

馬の魅力に惹かれ続けた少年時代

わたしの生まれは1937年（昭和12年）3月31日。国内が戦争一色に包まれ、その後の太平洋戦争へと突き進むきっかけとなった出来事が起こった年でもあります。「盧溝橋事件」です。その年の7月7日、北京郊外の蘆溝橋の近くで日中両軍が衝突。現地で停戦協定が成立した11日、日本政府は不拡大方針を覆し、華北派兵を決定、28日から日本軍は華北で総攻撃を開始して全面戦争へと突入しました。

もちろん、わたしにその頃の記憶はありませんが、父や母、伯父・藤山愛一郎から戦時中の話を聞くことがありました。ただ、実業家でもあった伯父がいたこともあり、幼少期は比較的裕福な暮らしをしていました。小学生の頃から父親に手ほどきを受け、ゴルフに親しんできました。父は名古屋ゴルフ倶楽部や軽井沢ゴルフ倶楽部などのメンバーでもあり、ゴルフは割と近しい存在であったのです。ちなみに、わたしが初めてプレーしたゴルフは東京ゴルフ倶楽部でした。

小学生の頃の夢はスポーツ選手になること。ただ、何をすればいいか分からない。

小学校から中学校にかけて様々なクラブ活動や部活に精を出しました。基本的には運動です。具体的には、柔道、山岳、水泳、弓道など。自分が興味を持ったことに対しては、まずはやってみる。これがわたしの性分でもありました。そんな迷いのある中で、中学に進むと、大学生まで嗜《たしな》むことになるスポーツと出会うことになります。

馬術——。馬に騎乗して運動の正確さ、活発さ、美しさなどを目指すスポーツで、オリンピックの競技種目でもあります。「やっぱり馬がいいな」。中学1年生になって自分が身を乗り出して頑張りたいスポーツの存在を知ったのです。何よりも動物と一緒にできるスポーツであることが決め手でした。

それからというもの、わたしの学生生活は馬と一緒の生活に変わりました。神奈川・日吉にある慶應中等部の敷地にも馬場があったのですが、住んでいた東京から通うにも帰るにも時間がかかりすぎてしまう。ですから、そのときに皇居の中にあったパレス乗馬倶楽部の馬場に通って練習に励んでいました。

慶應中等部を卒業して高校へ進学する頃になると、迷わず慶應義塾高校に進んで馬術部に入部。日吉の馬術部の馬場で練習を始めました。かねてよりオリンピック選手になりたかったので、一流選手になるためには、競技人口が少ない競技を選ぼうと思っていたのです。今でこそ、若い女性たちの間でも馬術がポピュラーなものになりましたが、当時は馬に乗るということは、お金もかかるというので、そう身近なスポーツではありませんでした。その意味では、馬術というのは自分の夢を叶えるためには最短ルートでもあったのです。

もちろん、乗馬をやるといっても、技術的には簡単なものではありませんでしたが、それでも馬の魅力に惹かれ、乗馬仲間も増えてきたので、わたしはみるみるうちに腕も上達し、夢中になっていきました。一生懸命練習したお陰で高校時代には全日本学生馬術大会で優勝を飾ることができました。さらに、秋田で開催された成人も参加する国民体育大会（国体）馬術競技でも優勝を飾ることができたのです。しかも、三連覇という偉業も達成することができたことは今でも光栄に思っています。

このように学生時代は馬との生活が続いていたわけですが、今にして思えば、乗馬の魅力は経営にも通じるところがあるように感じます。「人馬一体」という言葉もありますが、乗馬は結局、馬が動いてくれて初めて競技が成り立ちます。しかし、馬はなかなか思い通りに動いてくれるものではありません。したがって、まずは馬と自分との一体感をつくるというところから始まります。

自分と馬の呼吸を整える。両者の関係が深まっていくと、自分の思った通りに馬も動き出すようになり、競技にも出場できるようになります。そうならなければ危ない競技で終わってしまいます。特に競技に出場して障害走といった競技になると、バーを乗り越えようと向かって行ったのに、急に隣のバーに走って行ってしまうといったケースも非常に多いのです。

ところがある日を境に、馬が自分の思った通りに動き出す瞬間があります。そうすると一気に面白くなるのです。「自分と馬との2人だけの世界になる」。その関係を喩《たと》えれば、こんなところでしょうか。もし、わたしではない別の誰かが、わたしの馬に乗ったとしても、馬は思うようには動きません。本当に馬とは興味深いものです。だからこそ、馬と一体になれなければいけないのです。馬と一体になったときの感覚は言葉では言い表せないほど陶酔感《とうすいかん》というか、気持ちのいいものになります。

競技になると、さらにその距離感の近さを実感するときがあります。人間に癖《くせ》があるように、馬にも癖があります。競技場に入場して乗っている人間が緊張していると、その緊張感が馬にも伝わるのです。そうすると、普段の練習通りに動けなくなるときがあったりするのです。人間と同じです。

逆に、馬にも性格がありますから、人前に出ると委縮してしまう馬もいれば、興奮する馬もいます。このように馬との相性がとても大事になります。ですから、牧場に見に行ったり、群れで走っている馬の中で、最も歩き方が綺麗な馬や毛ヅヤが良かったり、色が綺麗だったり、鼻筋が通っている馬と理想的な馬はそれぞれですが、自分と性格が一致する馬を探し出すことが馬術をやる人々にとって、まずやるべき仕事だということです。

大映社長からもらった「ダイニミノル」

馬を探して、これが良いと思って買ってくる。それでその馬に乗っても、見かけと違ったということもよくあります。競馬の騎手もそうです。その馬と相性の合っている騎手が勝つものです。どのような馬が自分に合うかを見つけるまでには、人間も練習を重ね、いろいろな経験をしてからでないと、最高の馬との出会いはないのです。

それから馬を選ぶときに大切な要素となるのが血統です。競走馬の血統というのは速く走れるかどうかですが、馬術の場合は体の柔らかさや筋肉のバネの強さ、他にも歩様《ほよう》といった歩く姿が優雅であるかどうかというのも大事な要素になります。

特に歩様は一歩々歩いているときに、しっかりと後ろ足を踏み込んでいるかが大事です。競馬の馬は前のめりになる姿が良しとされますが、馬術の馬は首から背中にかけてピンと伸びている馬が良しとされるのです。

そのこともあってか、わたしは今でも馬が好きで、競馬場にはよく足を運びます。馬券を買って当たりを取ることが楽しいというのではありません。競馬場でレースを走る馬の姿を見るのが好きなのです。小さい頃から競馬場に連れて行かれることが多かったので、馬に対する親しみは人一倍なのだと思います。

実は、わたしは過去に競走馬を保有していたことがあります。馬を保有することも人の縁から生まれました。

「廣瀬君、君にこの馬をあげるから乗りなさい」

わたしの伯父・藤山愛一郎の弟だった藤山洋吉《ようきち》と親しかった映画会社の大映社長・永田《なが た》雅一《まさ いち》さんから突然こう言われたのは、わたしが大学生のときでした。

洋吉は学生時代にアメリカに留学し、ダートマス大学を卒業したのですが、かねてから馬が好きで、那須にも「ハイランド牧場」という牧場を保有していました。競走馬のブリーディングをやって競走馬をどんどん輩出していたのです。たまたまそういった仲間たちのコミュニティがあったようで、永田さんもそのメンバーだったのです。

ちなみに、そのコミュニティには自由民主党の政治家で農林大臣や建設大臣、副総理、国務大臣（東京五輪担当）を務めた河野一郎さんもメンバーとして顔を出しておられました。永田さんも馬が好きで、北海道に自分の牧場を保有しており、洋吉とはとても仲が良かったのです。

そんな伯父の洋吉に可愛がられていたわたしは、よく競馬場に連れて行かれました。府中競馬場や中山競馬場に行くと、馬主席から競馬を観戦することができたのです。そうした環境の中で馬の魅力を知ったわたしは、先述の通り、中学時代から馬術部に在籍しました。子供の頃からわたしは動物が好きだったので、馬術という動物と一体となってスポーツのできる競技に関心を持つようになったのだと思います。

１９５６年（昭和31年）、慶應義塾大学法学部に進学しても、入部したのは馬術部。迷う余地はありませんでした。わたしは馬と同じ時間を過ごすことに、どっぷりと浸《つ》かっていたのです。ありがたいことに、大学生になる頃にはオリンピック候補生にも選ばれました。候補選手は６人だったのですが、その１人に選ばれました。大学１年生で成人も参加するオープン競技で三連覇という実績をあげており、それが評価されての候補選手入りでした。

そんな矢先に競馬場の馬主席で顔を合わせた永田さんからこう言われました。

「最近、馬術の方はどうだい？」

こう聞かれたわたしが「オリンピック出場に向けて馬を探しているんです」と答えると、永田さんから出てきたのが「俺の馬をやる」という前述の発言でした。その馬の名前が「ダイニミノル」。〝幻の名馬〟と呼ばれた「トキノミノル」の弟馬です。

トキノミノルは２歳でレースにデビューして圧勝。それを皮切りに、10戦10勝の無敗で勝ち上がり、そのうちレコード優勝７回という成績を引っ提げてクラシック２冠を制した名馬になります。素晴らしいスピードと圧倒的な強さを両輪に、レースを走る度に人々の心を掴んできました。

母の反対で頓挫《とんざ》した俳優への道

そんな名馬の血統を受け継ぐ馬を永田さんからいただいたのです。永田さんには学生の頃から可愛がってもらっていました。この永田さんとの初対面は生涯、忘れられないものになっています。というのも、映画の俳優としてスカウトされたことがあったからです。

わたしが高校生のとき、永田さんがわたしの容姿を見て「映画に出したいな」と言い出したことがありました。今では笑い話ですが、何を思ってのことだったのか。永田さんはわたしのことをそう誘ってくれたのです。当時のわたしも「それも悪くない」と思っていました。

実際、高校生のとき、わたしは大映の俳優学校に通っていました。俳優としての基礎を学ぶためです。1950年代から1970年代にかけて、日本の映画会社はこぞってオーディションを行い、映画スターの卵たちを「ニューフェース」として売り出していました。わたしが俳優学校に通っていた頃も、この「ニューフェース」という言葉が世の中に浸透していました。山本富士子《ふじこ》さんや若尾《わかお》文子《あやこ》さんといった、後に大スターになる方々が同世代でした。

俳優学校に在籍中、『風の又三郎』『次郎物語』を手掛けた島耕二《しまこうじ》監督の目に留まる機会がありました。新たな映画のストーリーは、競走馬を育てて自分が騎手になるという内容で、わたしがその頃から馬に乗っていたこともあって、「この作品は君のやる役だ」とまで言っていただきました。

既に筋書きの台本ができあがっていたのですが、残念ながらこの映画は現実のものとはなりませんでした。というのも、途中で母親にバレてしまったからです。母は俳優業に対しては猛反対。「そんな夢物語みたいなことを言うんじゃない！」と叱《しか》りとばされてしまいました。今でこそ、映画俳優は素晴らしい職業として認知されていますが、この頃はまだまだ社会的なステータスが高いわけではありませんでした。結果的に、島監督や永田さんにはお断りさせていただくことになったのですが、伯父の洋吉には相変わらず馬主席に連れて行かれ、永田さんとは顔を合わせていました。

馬の話に戻しましょう。永田さんから馬をもらえることになった当時のわたしはオリンピック出場を目指していたので、ありがたくダイニミノルをいただき、東京・上用賀にある馬事公苑《ばじこうえん》に馬を預けました。その後は、毎朝、馬事公苑で合宿のような練習の日々を送りました。

ダイニミノルは白馬なのですが、その名前だと、どうしても競走馬の雰囲気が出てしまう。そこで名前を変えて「フジノミネ」に変えました。フジノミネはわたしと本当に相性が良く、国民体育大会や大学選手権でも勝利を飾ることができました。大学4年間で獲ったメダルの数は金・銀・銅合わせて4つ。個人的にも誇りになりました。お陰で、オリンピック出場の候補選手にも選ばれたことは既に述べた通りです。なお、このときの日本馬術連盟の会長が竹田恒徳《つねよし》さん。日本オリンピック委員会（JOC）会長の竹田恆和《つねかず》さんのお父さんになります。オリンピックの候補選手に選ばれた後、2年半ぐらいはダイニミノルも良い具合に育ってきて、「もしかしたらこれは本当にいけるのではないか」と手応えを感じていました。しかし、こう思っていた矢先、ダイニミノルが首の癌《がん》にかかってしまい、死んでしまったのです。オリンピック出場は諦めざるを得ませんでした。

結果として、馬術でオリンピック選手になるという夢は実現できなくなりましたが、わたしの馬に対する面白さが尽きてしまったわけではありません。馬にまつわるエピソードや歴史は、わたしに多大な知識を与えてくれました。馬術は人づくり――。わたしは馬との生活から、親と子、上司と部下、友人との交流など人と人のつながりを学ぶことができたと思っています。その事例として、わたしが学生時代に打ち込んでいた馬術で、印象的な出来事がありました。

「立太子礼《りったいしれい》記念馬術競技」での出来事

1952年（昭和27年）11月、現在の天皇陛下（今上《きんじょう》天皇）の皇太子への即位を祝って行われた「立太子礼《りったいしれい》記念馬術競技」が、皇居内にあったパレス乗馬倶楽部で行われたときのことです。そのとき中学生だったわたしは馬術選手として出場できる資格はなかったので、「ハコバン」と呼ばれる大会のお手伝いをしていました。

この馬術大会には皇太子殿下も競技に出場されていたのですが、ここで悲しい事故が起こってしまったのです。それは、わたしの先輩でもある森村準次《もりむらじゅんじ》さんが馬の下敷きになって亡くなってしまったのです。森村さんはノリタケカンパニーリミテドをはじめ、TOTOや森村商事、日本ガイシなどを生んだ森村グループ一族の方でした。

馬に乗った森村さんが障害競技で障害のバーを飛び込えようとしたら、馬がバーに引っかかってしまったのです。しかも運の悪いことに、通常では障害が馬の足に当たればバーは落ちるのですが、このときは落ちなかった。態勢を崩した森村さんは落馬し、そのまま馬の下敷きになってしまったのです。

通常、馬の体重は５００キログラムから６００キログラム。その下敷きになってしまったので森村さんは即死でした。森村さんは当時、馬術競技の一つで馬をいかに正確かつ美しく運動させることができるかを競う馬場馬術において、日本でナンバーワンの選手でした。それだけに、今でも非常に惜しくてなりません。

森村さんはパレス乗馬倶楽部のメンバーでもあったので、皇太子殿下とも非常に仲が良かった。その森村さんが事故に遭ったのです。しかも次に飛ばれるのが皇太子殿下。このまま馬術大会を続行するのか。即座に中止するのか。大会を主催する競技委員会や審判長は迷っていました。

そんな迷いの最中に、ある人が続行を進言します。それが東《とう》宮《ぐう》御《ご》教育常時参与として天皇陛下（今上天皇）の教育責任者を務めておられた小泉信三先生でした。既に慶應義塾長は退いていらしたのですが、そのときも小泉先生は競技委員長として馬術大会を観戦されていらっしゃったのです。

「飛ばせなさい」――。審判長たちが競技の継続の可否について迷っていた中で、小泉先生はこう言ったのです。「馬術大会は事故を起こしたから、後をどうしましょうかと考えるものではない」。こう言って続行させたのです。

このような決断ができたのは小泉先生の人となりそのものだったと思います。

１９１０年（明治43年）に慶應義塾大学部政治科を卒業し、義塾の教員に採用された小泉先生は１９３３年（昭和８年）に塾長に就任。全国各地の卒業生で組織されるＯＢ会「三田会」や協力者の下を駆け回り、翌年に日吉キャンパスを開設させました。

その後、太平洋戦争が勃発。小泉先生は１９４５年（昭和20年）５月25日夜の東京大空襲により、顔面や両手に大やけどを負ってしまいました。それから小泉先生はケロイドで顔の大半が覆われた生活を過ごしておられたのです。そんな小泉さんが競技の続行を言われたわけです。これは馬を趣味にしている人たちの間では非常に有名な話なのですが、あまり報道されたりはしませんでした。しかし、わたしは小泉先生の決断は凄いと思いました。

しかも、皇太子殿下も見事に競技をこなされた。後になって小泉先生は皇太子殿下の即位のお祭りである馬術大会だったから中止するわけにいかなかったと振り返って書いておられます。立太子礼でみんながお祝いしようとして馬術大会を開き、その本人が飛ばなかったらどうなるのか……。そういったことを小泉先生は考えたようです。しかし、当時は誰もそんなことを分かりませんでしたから、「やらせなさい」と言った小泉先生のことだけが脳裏に焼き付いています。いろいろなことに思いを巡らせ、しかもそれを瞬時に判断されたということです。

修羅場を踏んだ小泉先生だったからこそ、できた決断だったかもしれません。普通であれば躊躇《ちゅうちょ》してしまいます。その意味でも、小泉先生はとても沈着冷静《ちんちゃくれいせい》な人でした。また、戦後の日本で再出発するに当たり、小泉先生は日本の皇室ももっと国際化しなければいけないと思っておられたようです。そういう流れの中で、アメリカの司書で作家のヴァイニング夫人が皇太子殿下の英語の教師に選ばれたのもその一つです。ヴァイニング夫人はキリスト教徒の中でも最も規律厳しいクエーカー教徒でもありました。そういった人物がわざわざ選ばれたのです。

小泉先生は、皇室と国民との関係について、いろいろと腐心されておられたわけで、そのことをパレス乗馬倶楽部での出来事に対する先生のご判断に接して、わたしも深く考えさせられました。また、そのときまだ皇太子殿下になられる前の殿下が学習院馬術部の選手としていらして、競技に参加されたことは、わたしにとっては決して忘れることができない思い出です。

馬を育てることと人を育てること

馬術は人づくりにつながる——。わたしはこう言えると思います。だからこそ、日本動物愛護協会といった団体が馬術を応援してくれるのです。いろいろな馬術競技大会でも馬が大事に扱われているかどうかを、いつも日本動物愛護協会から監視されています。

特に複合競技と呼ばれるエンデュランス競技は、馬と一緒に80《キロメートル》ほどの長距離を野外走行する競技。ある一定時間で馬を止めて、心拍数を測り、その心拍数が何拍以上になったら、その場で棄権しなければいけないといったルールをしっかり守っているかを日本動物愛護協会はチェックしていたのです。決して馬を酷使するようなことがあってはならないという信念からくるものです。

要するに、エンデュランス競技は動物愛護も兼ねた競技なのです。馬が疲弊してしまうまで走る競技ではありません。馬と一緒に競技するという前提で馬術が成り立っているのですから、馬のことをきちんと考えながら実施しなければならないということです。これは相手を思いやることにもつながるわけです。

過重労働で上場企業の社員が自殺に追い込まれるといった事件が社会的な問題としてクローズアップされましたが、馬術も企業経営も同じです。経営者や企業幹部が社員に過酷な労働を強いては企業として成り立たないのです。それは馬の世界でも同様で、人と馬が心を通わせ、お互いの心が離れないようにする。それが馬術という競技になっているわけです。

少し話が逸《そ》れますが、わたしが傘寿《さんじゅ》を迎えた2017年（平成29年）の11月2日、皆様への感謝を示す「感謝の会」をパレスホテル東京にて開催させていただきました。当日は150名を超える大勢の方々にご出席を賜りました。皆様からの心温まる支援や助言、お力添えがあったからこそ、起業家としての人生を歩んでくることができたのだと心から感じました。同時に、これからも日本の社会をより良くするために、自分なりの経験を若い人にも伝えていきたいと、思いを新たにした次第です。

そんな感謝の会の席で、わたしは青いブレザーを着ました。そのブレザーは１９６４年（昭和39年）の東京オリンピックのときに、競技役員をしたときにもらったものです。既に就職していたのですが、当時の東京都知事・東《あずま》龍《りょう》太《た》郎《ろう》さんから手渡されました。日本で初めてのオリンピック開催です。日本中が沸き立っていました。開会式のセレモニーでは、ギリシャの選手団を先頭にパレードをしたわけですが、日本の選手団の一員にわたしも参加させてもらうことができました。

そんな思い出深いオリンピックが２０２０年に再び東京にやってくるのです。一生に二度もオリンピックを体験することができるのですから、こんな幸運なことはありません。今から楽しみでなりません。

ダイニミノルが亡くなってから、競技としての乗馬からは身を引きましたが、今でも時々馬に乗っています。特に２０１４年前後までは「マベリック」という馬を個人で保有していました。静岡・御殿場の乗馬倶楽部に預け、時間ができたときにはよく乗りに行っていました。しかしその後、仕事で忙しくて馬に乗る時間もなかなかとれなくなったので、その馬も売りました。

それでも馬術というスポーツは面白いものだと感じます。スポーツの中でも馬術は

「感謝の会」では150人を超える出席者に感謝の想いを述べた(2017年11月2日)

1964年の東京オリンピックのときに贈呈された青いブレザー

あまりポピュラーなスポーツではありませんが、今は馬術ブームが起きています。特に女性に人気で、若い女性たちが10人くらいでお金を出し合って馬を買うというケースもあります。乗馬クラブに馬を預けて、代わる代わる馬に乗りに行ったりしています。値段はピンキリです。というのも、競馬馬をたくさん所有しているオーナーが走れなくなった馬を処分できずに困ってしまうケースが多いのです。

そういったオーナーの意向を汲み取り、引退した競争馬を専門に預かる牧場が誕生しました。そこで飼われている馬を見て、大学の馬術部や個人が「この馬を飼いたい」と言って引き取るのです。その意味では、馬の世界は独特かもしれません。

馬具が「エルメス」や「ロンシャン」「セリーヌ」の発祥

馬の寿命は大体20年から25年。25年も生きたら長生きです。長きにわたって馬と親しんできたわたしから見た馬の良さは、やはりオシャレであるということ。馬に乗るということ自体がオシャレなのです。

それはなぜかというと、「エルメス」や「ロンシャン」「セリーヌ」といったブランドは馬具屋がルーツだったからです。馬の世界はオシャレなファッションの世界に様変わりしているのです。そうした歴史を紐解いていくと、今の若い女性が乗馬ブームの中で存在感を示しているのも分かるような気がします。

エルメスのスカーフは乗馬服として使っていたものですし、長靴《ちょうか》やジャケットも乗馬服に端を発しています。馬と一体になる――。これは経営にも通じます。会社を経営する上でも、経営トップは社員と一体にならなければなりませんし、お客様にも寄り添わなければなりません。ですから、わたし自身も馬術にはもっと光を当てていただきたいと思っています。

その馬術も地域によって技術も使う用具も違います。そこもまた面白さの1つです。馬術の世界は大きく2つに分かれます。いわゆる英国貴族が行っていた馬術が「イングリッシュサドル」。一方、アメリカの西部劇のような馬術が「ウエスタンサドル」になります。両方とも技術が全く違います。わたしはイングリッシュサドルを専門としていました。

ウエスタンサドルは手綱《たづな》を引くと、馬は走るように調教されるのですが、イングリッシュサドルでは手綱を引くと馬は止まります。そのような約束を馬と人間の間でつくるのです。なお、出発するときのイングリッシュサドルでは馬の両腹をポンと蹴ることが「走れ」のサインです。そういったことを調教しながら教えていくのです。

それから馬はオシャレのスポーツで、汗みどろということはありません。泥を被《かぶ》るとしたら雨の日に競技を開催するときです。馬術の発祥は英国で、天候に関係なく、必ず開催することがルールです。ラグビーやゴルフといった英国のスポーツは全てがこのルールに則《のっと》っています。

ですから、障害走でバーを馬が飛んだ際に、泥が跳ねて汚れるときがあるのですが、それは名誉の汚れ。他にも馬にプロテクターをしている光景を見たことがあるかもしれませんが、あれは泥よけではありません。馬はもの凄く視界が広く、人間が見ている視界よりも遥かに広い。目も出っ張っていますから、人間の視界にないところで何かが起こると急に驚いたりするのです。それを見えないようにするために目隠しをするのです。

要は馬が急に驚かないようにするためのものなのですが、こういった仕掛けを知っていくと、馬の魅力を肌で感じることができるようになり面白くなります。そうすると、馬術はオシャレであることも分かるようになりますし、知らないうちに動物に自分の思っていることが伝わるようになってきます。こちらが思っている通りに馬が動くようになるのです。馬の世界とは非常に高度な感性の世界でもあるのです。

もしかしたら、人が人の気持ちを分かるというのとは、また違った世界なのかもしれません。動物に自分の気持ちを分からせる、動物がこちらの注文に反応してくれるというのは、人間関係とまた違った心地良さというものを感じます。

馬との触れ合いや乗馬体験を通じて、障がい者の精神機能と運動機能を向上させて、社会復帰を早めるリハビリテーションの方法の1つとして「ホースセラピー」というものがありますが、わたしは間違いなくそういったものは成り立つと思います。馬には癒しの効果があると思うからです。

わたし自身、犬や猫のように肌を擦り合わせて「いい子、いい子」といったことはあまりやらないのですが、その一方で人間の何倍もある大きな体の動物と意思疎通ができることは実に楽しく感じます。それで何か癒しを感じる。馬は独特なような気がします。鼻を撫《な》でたり、首筋をポンポンと叩くことがありますが、これは一般的な馬の褒め方です。

しかし、違う褒め方を教えれば、馬はそれで褒められたと思います。鞭《むち》で頭をトントンとやったりする光景を見たことがあるかもしれませんが、それも「よくやったね」という意味です。他にもお尻を叩く人もいます。競馬でも優勝した馬に対し、騎手が首筋辺りをポンポンと叩くと、馬が心から喜んでいる仕草が見て取れます。馬のことをよく知っている人は、そういった所もよく見ています。

武豊騎手とディープインパクトの関係

２００４年（平成16年）に日本人として前人未到の海外通算１００勝を達成した武豊騎手。武騎手もよく首筋を叩いています。なぜ、武騎手はここまで勝ち続けることができるのか。皆さんも武騎手の逆転優勝劇を覚えているのではないでしょうか。このレースでは武騎手と「ディープインパクト」との信頼関係が見て取れます。

武騎手が日本競馬史上６頭目の中央競馬クラシック３冠を達成したディープインパクトに乗ったレースが開催されたのは２００５年（平成17年）のこと。最終コーナーとなる第４コーナーまで一番後ろにいたのに、いきなり最後尾から外側に出て一気に先頭に躍り出て優勝したシーンを見た人は多いはずです。

本来、外側に出ることは危険ですし、遠回りになるのでその選択肢はあまりとられません。しかし、武騎手はあえてそれを選択した。なぜなら、自分とディープインパクトの関係を知っていたからです。

つまり、最後方に付いているということは、それだけエネルギーを使っていないということになります。それを武騎手は感じていたのです。だからこそ、少し遠回りしてでも一度、外に出して走る先のスペースを空けた。その方がディープインパクトは思いっきり走れるという判断があったと武騎手は言っています。なぜあんなに大外へ出したのか。最後方で楽に第4コーナーまで走らせる。もちろん、観衆はこれで勝てるのかと疑問に思ったかもしれません。

しかし、武騎手はディープインパクトには十分余力が残っていることを分かっていた。そこであえて外に出して真っ直ぐ走らせたのです。武騎手の馬捌《うまさば》きの特徴としては、走る馬にとって少し遠回りになっても、前を空けた方が走るというものです。それは彼が持っている独特なフィーリングになります。

足の速いディープインパクトに乗ったので、最終コーナーまで最後尾でエネルギーを貯めておく。そして、最終コーナーを回り終えて直線になったタイミングでトップを狙うために力を爆発させる。馬が群がる馬混みの中では力が爆発しないことを武騎手は分かっていたのです。

もちろん、この戦略を選択すれば落馬するリスクもあります。ただ、後方からさらに横にはみ出るわけですから、落馬するリスクを極限にまで減らした選択とも言えます。いずれにしても、落馬するリスクを鑑《かんが》みれば、普通の人は選択しない戦略をとったと言えます。それでも武騎手はやってのけたのです。

それから武騎手の乗り方も凄いと思います。彼の乗り方は腰高なのですが、もともと背が高い彼は自分の持っている強みをうまく利用しています。

通常、「モンキー乗り」と呼ばれる乗り方が一般的な乗り方になります。鞍《くら》に腰を下ろさずに、鐙《あぶみ》の上につま先で立って腰を浮かせて背を丸める。膝で身体のバランスを取りながら前傾姿勢で騎乗する方法になるのですが、武騎手の場合は、腰を高く上げるのです。そうすることで、背が高く、胴長な分、視線が高くなり、先々を見通せます。わたしたちの間では武騎手の乗り方を「立ち乗り」と呼んでいます。

このように馬は非常に奥が深いということが分かっていただけたのではないでしょうか。馬の魅力はまだまだあります。今後も少しでも皆さんの馬に対する関心を高めるお手伝いができればと思っています。

第5章

藤山コンツェルンを築いた藤山愛一郎に学ぶ

外務大臣も務めた起業家

藤山愛一郎。わたしの伯父である愛一郎の存在を抜きにして今のわたしは存在することはありません。廣瀬一族に脈々と流れる起業家魂。その根底にはわたしの父方、母方の事業家としてのルーツがあります。父方の祖父は日本陶器（現・ノリタケカンパニーリミテド）や東洋陶器（現・ＴＯＴＯ）などの森村グループの礎を築いた廣瀬実光、母方の祖父は「大日本製糖（現・大日本明治製糖）」の創業者・藤山雷太《らいた》、その長男が藤山愛一郎です。まずは愛一郎の足跡からお話ししましょう。

藤山愛一郎は１８９７年（明治30年）５月22日に東京で生まれ、１９８５年（昭和60年）２月22日にその生を終えるまでの87年間、まさに怒涛《どとう》の人生を歩んできました。慶應幼稚舎に入学後、当時の官立崇拝の強い風潮の中、東京府第一高等学校（現・東京大学教養学部）の合格者数で全国1位を誇った東京府立一中を受験するも失敗。慶應義塾普通部に進学しました。

その後、慶應義塾大学部政治学科に進むのですが、１９１８年（大正７年）に病気を患い、やむなく慶應義塾大学部を中退。療養生活を送った後、数年間の海外視察を経て、父親・雷太《らいた》が築いた「藤山コンツェルン」に入ります。その中の１社である製糖会社の大日本製糖の社長を約25年間務めることになるのですが、父親の後を継いだ１９３４年（昭和９年）当時、愛一郎の年齢は38歳という若さでした。

社長に就任する前、１９２９年（昭和４年）の世界恐慌をきっかけに、暴落した砂糖相場が関税引き上げなどから一気に回復。愛一郎が経営する頃には、大日本製糖の会社経営も安定し始めました。製糖業界の好況と共に、戦前の黄金時代を築いたのです。産業界でもその存在感は高まり、１９４１年（昭和16年）、44歳で東京商工会議所会頭、その後、日本商工会議所会頭に就任しました。

戦後、愛一郎は公職追放となりましたが、１９５０年（昭和25年）に追放解除となり、産業界に復帰。製糖事業を再開したばかりの大日本製糖の再建に力を注ぐと共に、１９５１年（昭和26年）には日商会頭を再任され、日本航空会長や日本テレビ取締役などを歴任し、経済同友会代表幹事なども務めました。起業家としての才能は、この頃に花開き、いくつもの会社を創業しました。詳しくは後で述べましょう。そんな愛一郎は政界にも進出していきます。

藤山愛一郎

同年のユネスコ総会の日本代表を務め、１９５７年（昭和32年）には新たに発足した盟友・岸《きし》信《のぶ》介《すけ》内閣の要請を受け、民間人として外務大臣に就任しました。これを機に大日本製糖社長をはじめ、財界の要職を後進に譲り、政界の道へと進んでいったのです。翌年の１９５８年（昭和33年）に行われた第28回衆議院議員総選挙では、自民党公認として、横浜市を基盤とする神奈川県第1区（当時は中選挙区制）から衆議院議員に当選しました。

なお、外相としては日米安保改正に取り組み、日米地位協定制定などにも奔走しました。岸内閣の退陣後は総理大臣の座を目指して１９６０年（昭和35年）７月の自民党総裁選にも出馬したこともあります。残念ながら池田勇人《いけだはやと》さんに敗北しますが、これ以降、自民党総務会長、経済企画庁長官などを歴任しました。

愛一郎は総裁選に計３度、立候補をしました。いずれも負けてしまい、派閥維持の費用などで巨額の私財を政治につぎ込んでいたのです。結果として藤山コンツェルンは解体されてしまい、愛一郎は多くの資産を失いました。１９７６年（昭和51年）、総選挙に出馬せず政界を引退し、１９８５年（昭和60年）２月22日、87歳でこの世を去りました。波乱万丈の人生を歩んだ伯父・愛一郎の足跡を振り返ると、様々な視点から多くのことを学ばせてくれます。

キャッシュレス時代を見越して設立した「日本金銭登録機」

愛一郎は実業界から政界に転じ、日本商工会議所会頭も務めました。次々に会社を立ち上げ、事業を成功させた愛一郎は今でいうベンチャー起業家。そんな藤山・廣瀬両家の事業家としてのＤＮＡをわたしは持って生まれたのです。

藤山家の長男である愛一郎を筆頭に、弟たちも社長を務めており、次男の勝彦が後に大日本製糖の社長となり、3男の元彦は田中家の養子となって田中元彦となり、日本ナショナル金銭登録機、現在の日本NCRの副社長を務めました。末弟の洋吉が後に日東化学工業の副社長にもなりました。

たくさんのきょうだいがいる中でも、藤山コンツェルンという大日本製糖を中心とする巨大な財閥を育て上げたのが愛一郎です。次々と会社を立ち上げては、弟たちを副社長や常務に就かせて経験を積ませました。愛一郎は長男ですから、自分の父親が作った大日本製糖の社長を継いだ形になります。

しかし、将来、大日本製糖の社長を継ぐに際して父親である雷太《らいた》から愛一郎は「おまえは俺の作った会社を継ぐだけではダメだ。自分で会社を興すように」と言われていました。その父親の言葉を受けて1928年(昭和3年)、愛一郎が最初に設立した会社が日本NCRの前身となる「日本金銭登録機」でした。同社はまさに今でいうベンチャー企業で、お店に置くキャッシュ・レジスターを日本の独自の技術で製造していた会社です。

今ではコンビニエンスストアやスーパーなどに当たり前のように設置されていて、お釣りの出し入れをするキャッシュ・レジスターですが、当時は他に競争相手が全くいなかったため、もの凄い勢いで伸びました。そもそも日本でのキャッシュ・レジスターの歴史を紐解くと、１８９７年（明治30年）に日本初のレジスターが輸入されたのですが、横浜の貿易商である牛島商会が１８８４年（明治17年）に世界で初めてキャッシュ・レジスターを開発したアメリカの「ナショナル・キャッシュ・レジスター（現ＮＣＲ）」からレジスターを輸入して販売を開始したことが始まりです。

その後、１９２６年（昭和元年）に日本で最初のレジスターを間宮精一《まみやせいいち》氏が「間宮式加減算機」として発明しました。これが日本初のキャッシュ・レジスターの起源となります。第１次世界大戦が始まると、民生用の銅が不足し、その後はスチール製に取って代わるのですが、その間、実用品として多様な機能が付け加えられました。

キャッシュ・レジスターの将来性を見込んだ愛一郎は実業化に向けて資金が必要だった間宮氏を日本金銭登録機の技師長に据えて、同社は世界で２番目のレジスターメーカーとなったのです。世界市場で見ればＮＣＲと競争できるレベルにはなかったのですが、日本に進出する際に熱い視線を日本金銭登録機に向けることになりました。

日本金銭登録機の成長を見たＮＣＲは日本進出のタイミングで日本金銭登録機にジョイントベンチャーを提案してきます。まさに渡りに船。こう判断した愛一郎は提案を受け入れ、NCRとの提携を実現させます。それで設立されたのが1935年（昭和10年）の日本ナショナル金銭登録機でした。これが日本での本格的なキャッシュ・レジスター生産時代の幕開けとなったのです。

実は日本金銭登録機とアメリカのNCRの橋渡し役を務めたのが、3男の元彦でした。アメリカのプリンストン大学を卒業して英語も達者《たっしゃ》な元彦が同大学の学生時代に知り合っていた同級生が、NCRのオーナーの息子だったのです。後にそのオーナーの息子が元彦にこんな提案をしていました。

「君のお兄さんは興味深いビジネスをしているね。もし、日本に進出することになったら日本金銭登録機という会社と組むことができるかもしれない」

元彦は「それはいい考えだ」と賛同。業界でもあまり知られていませんが、日本NCR誕生の舞台裏では、このような人間関係が基礎にあったのです。この提案が実ってNCRと日本金銭登録機が合併しました。この日本NCRの誕生により、産業の側面から見れば、それまでキャッシュ・レジスターは銭箱としての発想から開発されていたのですが、入・出金記録をとる金銭管理機能を中心とした金銭的な管理機として利用されるようになっていきました。

合成繊維を手掛ける「日東化学工業」が大当たり

また一方で、日本ＮＣＲの誕生は、その後、外資系企業と日本企業によるジョイントベンチャー（ＪＶ）を設立して大成功を収めたモデルケースにもなりました。日本金銭登録機だけのリソースだけでは限界があり、製品開発も進まないという課題がある一方、ＮＣＲも日本に進出したくても、日本の市場や商習慣が分からないといった悩みもあったわけです。その点、ＮＣＲにとっては藤山コンツェルンと組んだ方が速いと考えました。結果、このＪＶがお互いの弱点を補完できたのです。

世界的なグローバル企業が日本企業と連携して日本市場に進出してくる代名詞が「コカ・コーラ」ですが、コーラが日本で「日本コカ・コーラ」の前身となる「日本飲料工業」を設立し、「コカ・コーラ」の製造を開始したのが１９５７年（昭和32年）です。それより20年以上も前から愛一郎はグローバル企業との連携を実現させていたということになります。

合弁会社誕生の功労者でもあった元彦は日本ＮＣＲの副社長に就任します。愛一郎から「お前は英語も話せるし、組んでいる相手はプリンストン大学時代の友人の父親だ。お前が副社長をやりなさい」と言われたのです。NCRからは次々と新しい技術を搭載した商品が届けられ、日本でのビジネスは軌道に乗りました。元彦は時代の寵《ちょう》児《じ》としてマスコミからも報道されたのです。

ただ、この成功でビジネスの面白さを知ったのは何を隠そう愛一郎本人でした。愛一郎はその後、次々と会社を作っていくことになります。大日本製糖の社長になった後に作った会社が1937年（昭和12年）創立の「日東化学工業」でした。同社は石油から肥料を作ったり、合成樹脂を作ったり、合成繊維を作ったりしていたのですが、当時では1つの新しい時代の〝格好いい業種〟として注目されていたのです。

今でいうところのITやAI（人工知能）といったところでしょうか。時代の波に乗るという感覚が愛一郎の中にはあったのでしょう。その頃はナイロン、ポリエステル、アクリルが「三大合繊《さんだいごうせん》」と呼ばれており、いずれも石油が原料でした。流行り言葉として、これらをひっくるめて「石油化学」「ペトロケミカル」と呼ばれていたのを懐かしく思い出します。まさにこれらの業種は時代の花形。この合繊で先頭を走っていたのが東レと帝人でした。

そこで愛一郎は「自分は肥料を作る！」と言って、窒素《ちっそ》、硫安《りゅうあん》（硫酸アンモニウム）、カリ（硫酸カリウム）といった農業用肥料の製造に進出しました。同社は青森県の八戸市に工場を建設。立地条件がその理由です。前にも書きましたが、工場近くの八戸港はリアス式海岸のため、浅瀬で船が着岸しやすいといった条件が整っていたのです。

原料調達の面でも、当時、南満州鉄道（満鉄）に硫安工場があり、松尾鉱山（現・八幡平《はちまんたい》市）の硫化鉄鉱が八戸港から輸出されていました。また、１８９１年（明治24年）に全線開通した東北本線も走っており、国内各地への輸送も容易だったのです。

１９３０年代から１９４０年代にかけて新しい合成繊維が次々と開発されていきました。１９３１年（昭和６年）にはドイツでポリ塩化ビニルが開発され、１９３５年（昭和10年）にはアメリカでナイロンが発明されたのです。中でもナイロンは女性のストッキングや衣類のほか、手術糸や釣り糸、ロープ、パラシュートといった広範囲の用途で利用されました。その後も、ポリエステルやアクリルが開発され、合成繊維の活躍の場はどんどん広がっていったのです。

ですから、日東化学工業の業績もこれらが凄く順調に成長していたので、当時、業界で最も給料が高かった東レに次いで、日東化学工業が第2位になるほど、好業績に沸いていたのです。まさに石油化学業界は花形の産業として注目を浴びるようになっていきました。愛一郎はこのビジネスで財を成したのです。

「日本コロムビア」「日東製紙」の創業

新しい会社をどんどん興す――。愛一郎の中で芽生えた起業家精神だったのでしょう。それからほどなくして愛一郎が設立したのがレコードをプレス製造する「川崎コロムビア」。文字通り工場は川崎にあり、同社が現在の日本コロムビアになります。川崎コロムビアはその後、「日本蓄音器商会」「日蓄工業」と社名を変え、1946年（昭和21年）から「日本コロムビア」として出発。ちなみに、昭和の歌謡界の大スター・美空ひばりさんは1949年（昭和24年）にコロムビアからレコードデビューしています。

レコードのレーベルは1931年（昭和6年）にイギリスのコロムビア商標を譲り受けてからコロムビアマークに統一され、同社は2010年（平成22年）に創立100周年という大きな節目を迎えました。愛一郎は業界の垣根を越えて、世の中に必要とされる事業を自ら創り出してきたし、起業魂は衰えることはありませんでした。

第２次世界大戦後に公職追放となった愛一郎が１９５０年（昭和25年）の追放解除前に作っていた会社が「日東製紙」です。製紙会社ですが、原料は木ではなく、当時日本で有り余っていた竹を使っていました。木材は戦時中に鉄道の枕木などに使われるため伐採《ばっさい》されていたからです。そこで枯渇《こかつ》してしまった木の代わりに、竹を使って紙を作るという選択をしたのですが、これもまた紙屋としての成功につながりました。

原料となる竹は北海道から九州まで、どこにでも生えていましたから原料費が安く抑えられたのです。山口県萩《はぎ》市に日東製紙の工場があり、そこで竹を原料に紙を作っていました。しかも、輸入パルプ不使用。製紙会社の中でも輸入パルプを使わないで紙を製造しているのは日東製紙だけでしたので、これが国産品奨励にもつながるということで、お客様の支持を得たわけです。好業績に支えられて日東製紙は製紙業界で第４位にまで上り詰めました。

そうこうしているうちに、Ａ級戦犯容疑者として巣鴨プリズンに拘束されていた岸《きし》信介《のぶすけ》さんが釈放。仕事のなかった岸さんに愛一郎は「数年はうちで働きなさい」と言って日東化学工業の監査役として引き入れました。当時、藤山コンツェルンの会社11社ほどは「丸ノ内ビルヂング」にありました。岸さんは日東化学工業のフロアの一番南側の部屋を執務室として使っていたのです。日商会頭として戦時経済統制で岸さんに協力していた愛一郎は岸さんに政界再進出するまで、会社で面倒を見たのです。

日東化学工業の仕事をする傍《かたわ》らで、岸さんは選挙準備に取り掛かっていました。戦犯という厳しい烙印《らくいん》を押されながらも、優秀だった岸さんは次第に力をつけていきました。4年の間に戦犯のイメージも薄らいでいき、政界進出への足がかりができてきます。1949年（昭和24年）には東京・銀座の交詢社《こうじゅんしゃ》ビルの別館に「箕山社《きざんしゃ》」という事務所を構え、後に株式会社として正式に活動を始めたのです。

1952年（昭和27年）、岸さんの追放解除が決定し、「日本政治経済研究会」を「日本再建連盟」に発展させることについて協議して創立。めでたく政治家としての歩みを再スタートさせました。歴史に「もし」はありませんが、巣鴨プリズンから出所した岸さんの面倒を愛一郎が見なかったら、今の安倍晋三首相の存在はなかったのかもしれません。

民間による航空会社の設立　～ＪＡＬ創設に貢献～

愛一郎が作った数ある企業のうち、最も有名な会社が「日本航空（ＪＡＬ）」でしょう。ＪＡＬの創立は１９５１年（昭和26年）。このとき愛一郎が拠出したお金は完全なポケットマネーでした。ですから、当時のＪＡＬは完全なベンチャー企業だったのです。このときは友人11人くらいを集めて出資を募ったようです。資本金は当時のお金で１億円でした。その意味では、愛一郎の起業家意欲は留まることを知りませんでした。この友人の中には後に日本航空の社長になる日本銀行副総裁（当時）の柳《やなぎ》田《た》誠《せい》二《じ》郎《ろう》さんもいらっしゃいました。他にも名古屋の鉄鋼会社の重鎮《じゅうちん》もいたようです。

１９４５年（昭和20年）８月15日の終戦以降、連合軍総司令部（ＧＨＱ）により日本の民間航空活動は全面的に禁止されました。それ以降、国内航空機輸送が再開されるまでは５年の年月がかかりました。１９５０年（昭和25年）、ＧＨＱは当時、日本に乗り入れていた外国の航空会社７社に共同で航空会社１社を設立させました。この会社に日本の国内航空業を許可すると日本政府に伝達したのです。

愛一郎はこの決定に納得いきませんでした。これまで裸一貫でゼロから起業して成功を収めてきた愛一郎にとって、1社独占ではなく競争関係があってこそ産業は伸びると肌感覚で分かっていたからです。このGHQの動きに対し、愛一郎は日本航空株式会社の創立準備事務所を開設し、発起人総代に選出されました。

最初のメンバーには、石川一郎《いしかわいちろう》さん（日産化学工業社長、経済団体連合会初代会長）、早川慎一《はやかわしんいち》さん（鉄道省鉄道局長、日本通運社長）、村上義一《むらかみぎいち》さん（運輸大臣、日本通運社長、近畿日本鉄道社長）、小林中《こばやしあたる》さん（初代日本開発銀行総裁、アラビア石油社長）、浅尾新甫《あさおしんすけ》さん（日本郵船社長）、杉道助《すぎみちすけ》さん（大阪商工会議所会頭、海外市場調査会（現・日本貿易振興機構理事長））といった大物財界人が設立委員として名を連ねていました。航空会社の免許申請は同社を含めて5社の競合となりましたが、航空庁の行政指導によってJALに他の4社も合流することになったのです。

こうした経緯を経てJALは国内航空運送事業の営業免許を取得し、戦後初の日本人の手による民間航空会社となりました。初代会長に愛一郎が就き、初代社長には柳田さん、専務取締役には航空庁長官だった松尾静磨《まつおしずま》さんが就任しました。ちなみに聞いたところによると、愛一郎は航空会社が設立されて一部に国のお金が入ることが決まると、国の財政に明るい人材が必要で、柳田さんはそのあたりのことを一番知っているからと説得して柳田さんを招き入れたようです。

ただ、航空業というビジネスは決して易しいものではありませんでした。ＪＡＬは、営業免許は取得したのですが、運航は外国の航空会社に委託する条件だったのです。そのため、同社はアメリカのノースウエスト航空と運航委託契約を交わし、ノースウエストからチャーターした機材を「もく星」号と名付け、戦後初の日本の民間航空機として飛び立って行ったのです。ところがここで悲劇が起きます。

墜落事故を契機にＪＡＬの経営を巡って吉田茂首相と対立

「もく星」号墜落事件です。１９５２年（昭和27年）４月９日羽田空港を飛び立ったＪＡＬの福岡行きの「もく星」号が館山《たてやま》上空を通過直後に消息を絶ち、翌朝、伊豆大島の三原山《みはらやま》火口付近で墜落した機体と、乗客・乗員37人全員の死体が発見されたという大事故。航空機が消息を絶った後、三原山の住人から「飛行機の残骸《ざんがい》が見える」との連絡を受け、ＪＡＬは遺族対応や残骸処理に社員総出で対応することになりました。

この飛行機事故は日本最初の大型航空機事故となり、搭乗者だった八幡製鉄（現・新日鐵住金）の三鬼隆《みきたかし》社長や漫談家の大辻司郎《おおつじしろう》さんらが犠牲となりました。JALは運航開始から半年で大惨事を起こしてしまったのです。

とにかく突発的に起こった日本の民間航空機の初めての墜落事故でしたので、JALは今のように事故対応の態勢を整えていませんでした。そのため、対応に当たる人員の人手不足に陥り、藤山コンツェルンの社員も手伝うことになりました。実際にわたしも事故対応の手伝いをするために三原山に行きました。そこで見た悲惨な事故現場は今でも覚えています。その度に遺族の方々にお悔やみ申し上げると共に、二度とこのような悲惨な事故を起こしてはならないと感じた次第です。

愛一郎にも試練が及びました。日本で初めてとなる飛行機事故だったので、当時の吉田茂首相に愛一郎は呼び出されたのです。

「飛行機を扱う航空事業は人の命を預かる仕事。そういった仕事は個人のポケットマネーでやれるような仕事ではない！」

吉田首相からこう叱責《しっせき》されたのです。

「他国を見ても航空会社は政府の力を借りている。JALも国策会社にした方がいい」

ところが、これを聞いた愛一郎は烈火《れっか》のごとく怒りました。「国はずるい！　一番大事な企業の立ち上げのときに力を貸さず、事故を起こしたからといって国が大きな資金を入れるとは、いいとこ取りだ！」

２人の大喧嘩は３カ月ほど続きました。愛一郎は自分で苦労して作った会社を国に明け渡すことに「そんな理不尽なことがあるか！」と納得がいかず、一方の吉田首相は他の国の例を見ても個人でできる仕事ではないと矛《ほこ》を収める気配はない。２人が歩み寄る機会はなかなか生まれませんでした。そんな中、この間を取り持ってくれる人が現れます。それが三菱合資会社（当時）頭取の加藤武男《かとうたけお》さんでした。

加藤さんと愛一郎は慶應義塾大学の同窓で、遠い親戚でもありました。加藤さんの奥様が明治中期に活躍した近代実業家で、三井家の「中興の祖」でもある中上川彦次郎《なかみがわひこじろう》さんの娘。中上川さんは慶應義塾の創立者・福澤諭吉の母方の甥に当たり、山陽鉄道（現・JR西日本の山陽本線）の社長を務め、三井銀行（現・三井住友銀行）に入行した後は、10年にわたって旧弊改革の大ナタを振るうと共に、多くの優れた人材を登用して三井財閥の近代化に大きく貢献しました。付け加えると、「日本資本主義の父」と呼ばれる渋沢栄一の無二の親友です。

そんな血筋の加藤さんは愛一郎にこう諭《さと》しました。

「冷静に考えてみなさい。将来のことを考えたら、国の援助をもらった方がいいのではないか」

対する吉田首相には次のように懇願しました。

「もう少し冷静になって藤山に考える時間を与えてやって欲しい」

加藤さんの説得が実り、両者の間で溝が埋まりました。その結果、ＪＡＬは国が同社の株の51％を持つことになったのです。これを受けて１９５３年（昭和28年）、愛一郎はＪＡＬ会長を退きました。社長は引き続き柳田さんが務めていたのですが、柳田さんがＪＡＬ設立の当事者でもあった関係から、第三者である松尾さんが１９６１年（昭和36年）に社長に就任しました。その後、何度かＪＡＬは墜落事故を起こしたのですが、愛一郎は航空ビジネスの難しさを痛感していたようです。

岸信介の政界再進出を後押し　～自らも政治家に転身～

ところで、政界に再進出していた岸さんですが、着々と地歩《ちほ》を固めていきました。

愛一郎の資金力がモノを言ったのです。岸さんは日本民主党と自民党の各幹事長を経て１９５７年（昭和32年）に内閣総理大臣に就任。日米安保条約改定を強行することになるのですが、岸さんは兼ねてより自分の面倒を見てくれていた愛一郎に政治家への転身を持ち掛けていました。

岸さんが首相になる1年前、愛一郎が政府の経済査察使として中東を周って帰ってきたときの自民党の総裁選挙の直前、「自分は自民党の総裁になり、そして総理大臣になるかもしれない。そうした場合、立派な内閣を作りたいと思っているが、特に重要な外務大臣を君がやってくれないか」と依頼してきました。それに対し愛一郎は「自分は一生、民間人として通したい。あなたには閣外から援助をしよう」と断ったといいます。結局、岸さんはその総裁選で石橋湛山《いしばしたんざん》さんに敗れ、その話は立ち消えになったのですが、石橋さんが急遽、病気で引退を表明したため、岸内閣が発足。岸さんは再び愛一郎に外務大臣としての入閣を打診したのです。

愛一郎は岸さんから「恩返しをさせてくれ」と再度懇願されたという事情もあって、その意向を汲《く》んで政治家に転身。民間企業からの初めての外務大臣として世間でも話題になりました。就任して2カ月後には、アメリカ・ニューヨークで行われた国連総

共同

1957年、国連総会に向かう外相時代の藤山愛一郎（左から２人目）

会に出席。外相として初の国際舞台で「核実験停止決議案」をもって臨んだのです。唯一の被爆国である日本の立場を明確にし、主張の食い違う米ソの妥協点に達するよう配慮した演説は「現実に即した大人の外交」として評価されました。

ただ、この岸さんと愛一郎のコンビを快く思わない人物がいました。それが河野一郎さんです。１９６３年（昭和38年）、政府は突如、原料糖（粗糖）の輸入の自由化を始めます。仕掛け人は2年前まで農林大臣を務めていた河野さんでした。それまで砂糖業界は自由化されていなかったため、外圧から守られていました。いわば国が砂糖会社を守っていたのです。しかし、諸外国からは自由化を求める声が日増しに高まると共に、国内では割高な砂糖を買わされていることに不満を感じる国民が徐々に増えていました。こうした国民の声を汲《く》み取った河野さんが砂糖の自由化に踏み切ったのです。

すると、愛一郎の資金をつくる源でもあった大日本製糖が大打撃を受けます。外国産の安価な砂糖が国内に入ってきたことで、２年ほどの短期間であっという間に業績悪化の一途を辿《たど》って行ったのです。河野さんのもう１つの狙いは、まさにここにあったのです。河野さんが「策士」と呼ばれる所以《ゆえん》でもあります。

この砂糖の自由化は愛一郎にとっては決定的な打撃となりました。外国産の砂糖が日本に持ち込まれると、国内での砂糖ビジネスは採算が合わなくなったのです。ここから愛一郎の沈滞が始まりました。しかも、愛一郎は外務大臣として国務に従事していたため、大日本製糖という個社の経営を見れる立場になかったのです。

もし、砂糖の自由化が行われず、外務大臣としても一定の成果を出していたら愛一郎が総理大臣になっていたかもしれません。愛一郎のことは岸さんが応援してくれていたので、愛一郎自身も総裁選に出馬しています。当時、藤山派は30人程度いました。このときの若手議員の１人が現在の二階俊博幹事長です。

愛一郎は政界に進出する際、自分の作った会社の株を売り、当時の金額にして270億円の現金を持っていたと言われています。その巨額の資金を持っていた愛一郎も最後には無一文になっていたのです。伯父はとにかく「人がいい」性格でしたので、困っている人を黙って見過ごすようなことはできなかったのです。

岸内閣が退陣すると、総理大臣の座を目指して自民党総裁選に出馬したわけですが落選し、その後は自民党総務会長を経て経済企画庁長官などを歴任。三度、総裁選に立候補しましたが、そこでも勝利することはできませんでした。1976年（昭和51年）、総選挙には出馬せず政界を引退しました。それでも愛一郎を慕ってくれた政治家はたくさんいました。

愛一郎を慕った田中角栄元首相

例えば、田中角栄さん。愛一郎が角栄さんを若い頃から応援していたこともあって、常日頃、「藤山先生にはお世話になりました」とおっしゃっていました。しかも、わたしが大日本印刷の社員だったときに、角栄さんからゴルフに誘われたことがありました。メンバーは角栄さんと野村證券社長の奥村綱雄《おくむらつなお》さん。今考えてみれば凄いメンバーとの一時でした。きっかけはわたしの父が角栄さんの別荘がある長野・軽井沢の「軽井沢ゴルフ倶楽部」の常務理事を務めていたことでした。

当日、奥村さんから「こちらの廣瀬君は藤山愛一郎さんの甥です」とわたしが紹介されると、角栄さんは深々と最敬礼しながら「藤山先生には本当にご厄介になりました」とお辞儀をされました。過去に愛一郎からゴルフクラブをもらったことを笑顔で話されていたのが印象的でした。

角栄さんは午前中のプレーが終わって昼食時間になると、ゴルフ場のスタッフを呼んでブランデーの水割りを注文。昼間から水割り４杯を一気に飲み干しました。さらに、午後のプレーの終了後も同じブランデーの水割りを頼んでは飲み続けていました。それでも全く酔わない。底なしの人でした。側にいるだけで熱い熱気がひしひしと伝わってくる。そんな人でした。

プレー中も「君は将来、何になりたいんだね？」と、わたしにどんどん質問を浴びせてくる。既に次期内閣総理大臣の筆頭格でもあった角栄さんに易々《やすやす》と話せるわけがありません。わたしは一言二言、言葉を返す程度でしたが、角栄さんの質問攻勢は留まることを知りませんでした。プレーが終わると「廣瀬君、スコアカードを持ってきなさい。わたしがサインをしてあげよう」と言って、わたしのスコアカードにサインをしてくれたのです。これも愛一郎の甥であるわたしに対する角栄さんならではの計《はか》らいだったように思います。

その後も2回ほどゴルフをご一緒させていただきましたが、冬になるとプレー中でも角栄さんは銀色のスキットルをポケットに入れて持参しては、キュッとラッパ飲みをしていました。魅力のある人だと思いました。決して人前で飾らず、他人への目配りも忘れない。人生とは面白いものです。

先ほど述べた河野さんとの一件。政治の舞台では伯父とは犬猿の仲のように見えますが、実は河野さんは那須に牧場を保有する馬主でもありました。一方、愛一郎の弟の洋吉も馬が好きで河野さんの牧場のすぐ近くに牧場を持っていたのです。そんな共通の話題もあって、政治から一歩外に出ると仲が良かったのです。人生とはこういうものなのか。そんなことを勉強させていただきました。

愛一郎の評価は、政治家になった後、派閥維持のために巨額の私財をつぎ込んで最後は一文なしになったというのが世間一般の見方かもしれません。しかし実業家としての愛一郎伯父が残した功績は大きいと思っています。ベンチャー起業家としての才能は凄いものがありました。この功績をもう一度、見つめ直すべきだと思っています。

第6章

外資系ファンドを活用したゴルフ場再生ビジネス

7つのゴルフ場のうち4つのゴルフ場が倒産

倒産したゴルフ場を買い取って、複数のゴルフ場を一括運営して再建させる。わたしがジョンソン・エンド・ジョンソン（J&J）の日本法人を辞めたときの年齢は62歳。当時の日本企業の定年は55歳で外資系が62歳でした。ちょうど引退時でもあるから、ゆっくりしようかなと思っていたところ、ふと周りを見渡して目に留まった出来事がありました。

ゴルフ場の倒産ブームです。わたしがJ&Jに勤めていた時期、日本はバブル経済の崩壊で、国内の景気は奈落の底へと転がっている時期でもありました。わたしはゴルフが好きで、銀行融資付で7つのゴルフ場の会員権を1985年頃から購入していました。ところがそのうち4つのゴルフコースがバタバタと経営難で倒産してしまったのです。

「一体何が起こっているんだ?」

調べてみると、ゴルフ人口の減少が原因ではなく、会社の経営が問題だったことが分かりました。思い入れのあるゴルフ場がなくなっていくのを黙って見ているのも忍びなく、学生時代から知り合いだったゴルフ界の帝王、ジャック・ニクラウスさんに相談することにしました。

彼はアパレルブランド「ゴールデンベア」で有名な世界的なプロゴルファー。アメリカではゴルフ場が次々と倒産することなど聞いたことがなかったので、財務データを持って伺いました。「3～4日、時間をください」。

数日後、彼から電話がかかって来ました。

「ミスター・ヒロセ、グッドニュースがあるぞ」

ニクラウスさんは「君が持ってきたゴルフ場のデータを調べてみたけれど、4つのゴルフ場は全てアメリカだったら利益が出る」と言ったのです。驚きました。

「どうして利益が出るんですか。日本では潰れてしまったゴルフ場ですよ？」

詳しく聞いてみると、次のような理由がありまし

ゴルフ場再生ビジネスのきっかけを教えてくれたジャック・ニクラウス氏

た。アメリカでは、ゴルフコース・マネージメント・カンパニーという業種の会社があり、ゴルフ場を作ったオーナーはその会社に運営を委託していたのです。

当時、アメリカではゴルフ場を委託運営している会社の中で、最も大きいものでは最大440コースぐらい持っていました。ですから、規模の理論が働いて運営経費が凄く安くなる。日本の倒産したゴルフ場の入場者数とプレー代、メンテナンス費用をその手法に当てはめてみた場合、十分に利益が出せるということが分かったのです。

「それでは日本でゴルフコース・マネージメント・カンパニーを作って、たくさんのゴルフ場を集めれば、経営は成り立つということですね？」

ニクラウスさんにこう尋ねると、彼から返ってきた言葉は「できるよ」という答えでした。そもそもアメリカではゴルフ場を作りたい人は山のようにいます。トランプ米大統領もそうですが、ゴルフ場を保有することは一定の富裕層のアイデンティティー（証）にもなるからです。ただ、自分で作ったゴルフ場を自分で経営することはめったにない。運営はゴルフコース・マネージメント・カンパニーに任せる。彼らはゴルフ場の運営に特化しているわけですから、ゴルフ場も倒産するリスクを限りなく低く抑えることができます。

したがって、アメリカではゴルフ場の運営会社が1つの単独のゴルフ場だけを運営することはありません。多くのゴルフ場を運営することで効率化が図られることになるわけです。わたしは考えました。「日本的なゴルフ場経営が破綻したのであれば、アメリカのビジネスモデルで経営してみたらどうか」と。

資金を得るために銀行行脚《あんぎゃ》 〜外資系ファンドとの出会い〜

早速、わたしはアメリカ流のゴルフ場運営会社（ゴルフコース・マネージメント・カンパニー）を作って日本のゴルフ場を再生していくビジネスプランをまとめました。紙にして78ページにわたるものです。ただ、ゴルフ場運営会社を作っても、まずは倒産したゴルフ場そのものを買わなければなりません。そのための資金が必要になります。

資金を得るために、わたしはビジネスプランを片手に銀行を回りました。最初に行ったのがメガバンク。頭取に面会して説明したのですが、頭取からは明るい返事はもらえませんでした。時は1999年（平成11年）のバブル崩壊の真っ只中。理由を聞いてみたら仕方ないと思いました。

「廣瀬さん、申し訳ないけれども、銀行はゴルフ場を持っている人たちには『売りなさい』と言っている。その最中に片方でゴルフ場の再生ビジネスをやろうとしている廣瀬さんにおカネを貸すというのは無理です」

1997年（平成9年）末に、三洋証券が倒産。次いで北海道拓殖銀行、そして山一證券が倒産し、金融界は激変期を迎えました。翌年の1998年（平成10年）春から金融界は預金保険機構を通じて公的資金の導入を始めるなど、金融機関の再生に向けて再編機運を迎えていたのです。そんな中にあって、ハイリスクなゴルフ場再生ビジネスに資金を投じてくれる金融機関はありませんでした。

ただそれでも、わたしは諦《あきら》めきれませんでした。ゴルフと経営が好きなわたしにとって、このプランがうまくいかないはずがないと思っていたからです。資金の工面《くめん》をお願いしに他のメガバンクにも次々と回りました。しかし、どの銀行も同じ返事。最初のメガバンクの頭取からも「廣瀬さん、他の銀行に行っても同じことを言われますよ」と言われていたのですが、全くその通りでした。

5カ月くらいは都銀も含めて銀行回りが続きました。しかし成果はゼロ。半ば諦めかけていたときに幸運な出会いに恵まれます。わたしはそのとき、たまたまJ&Jの日本代表を務めていた経緯から「The American Chamber of Commerce in Japan（ACCJ）」のガバナーを務めていました。ACCJとは日本に進出しているアメリカ企業が会員の在日米国商工会議所です。偶然にもACCJのメンバーで東京・六本木にある「アメリカンクラブ」で食事をしながら雑談をしていたところ、その一団の中に、ゴールドマン・サックスやドイツバンクなどの投資銀行、ローンスター、KKRといった並み居るアメリカの企業再生ファンドの人たちが11社集まっていました。

彼らは企業を再生するための潤沢《じゅんたく》な資金を持っていました。その国の経済が厳しくなって立ちいかなくなった会社が出てくると、彼らの出番になります。資金を投下してその会社を再生させる。それがたまたま11社もいたわけです。これを好機と見たわたしは「日本の銀行に全部断られて困っているんだ」と相談しました。

「どんなプランか見せてください」

彼らも関心を持ってくれたようで、わたしは1週間ぐらいにわたってゴルフ場の再生についてのプランをプレゼンしました。すると11社のうち、ローンスターという米テキサスのオイルマネーを預かっているファンドが「ミスター・ヒロセ、これは面白いから、わたしたちにサポートさせてくれ」と言ってくれたのです。

ローンスター――。1995年（平成7年）、アメリカ・テキサス州ダラスで創設された投資ファンド。北米の公的年金基金や国際機関、政府機関、財団、大学などを主な投資家としており、これまでに12のファンドを組成し、450億ドル以上の資金を集めています。企業の再生・価値向上を目的とする投資をはじめ、多様な金融商品・不動産への投資をグローバルに行っており、投資対象を長期間保有して価値向上を目指すファンドです。また、市場で流動性が乏しくなる局面でリスクを取ることでも知られています。

ローンスターは1997年（平成9年）に日本に進出してくると、1999年（平成11年）に経営破綻した東京相和銀行のスポンサーとなって東京スター銀行を創設したことで知られています。他にもソラーレホテルズアンドリゾーツや目黒雅叙園など、幅広い対象に投資を実行しており、2013年（平成25年）には大阪府の第3セクターの鉄道会社「大阪府都市開発」の売却に際して優先交渉権を獲得したことが話題になりました。

「お金を出して欲しいと言えば喜ぶはずだ」

ローンスターの日本進出を皮切りに、外資系ファンドの日本参入が相次いでいきました。サーベラスが、あおぞら銀行（旧日本債券信用銀行）やダイア建設、木下工務店、そして西武ホールディングスや国際興業などの債権や株式を割安で取得し、再生後の売却で資金回収を図ってきました。

また、リップルウッドが経営破綻した日本長期信用銀行（現・新生銀行）の受け皿に選定され、８兆円の公的資金が投入された長銀を僅か10億円で買収してニュースになりました。リップルウッドは宮崎市の高層ホテルやゴルフ場を擁する大型リゾート施設「シーガイア」を運営するフェニックスリゾートや固定電話の日本テレコム（現・ソフトバンク）の買収も行いました。

他にも居酒屋チェーンのチムニーやPHSのウィルコムなどに投資してきたカーライルをはじめ、タワーレコードや昭和薬品化工に投資したCVC、最近では自動車部品のカルソニックカンセイや日立国際電気、パナソニックヘルスケアの買収で有名になったKKRといった世界に名を轟《とどろ》かすファンドプレイヤーが続々と日本での存在感を高めていったのです。

それまでわたしは企業再生ファンドと仕事をした経験がありませんでしたが、ローンスターの名前は聞いたことがありました。ある人からは、企業再生ファンドは銀行とは違う融資軍団で、倒産した会社に資金を投じて再生する。しかし、彼らにはお金はあるけれども、会社を経営できる人材はいない。「お金を出して欲しいと言えば、彼らは喜ぶはずだ」。そんな話を前から耳にしていました。

これでゴルフ場の再生を事業とする会社が出発できる環境が整いました。その会社こそ「パシフィックゴルフマネージメント（PGM）」（現・PGMホールディングス）です。ローンスターはPGMの大株主という形で買収資金を提供してくれました。一方のわたしは買収したゴルフ場をマネージするという役回り。

ローンスターにわたしがプレゼンし、その内容を検討して同社が資金を提供すると決めるまでにかかった日数は、僅か10日ほどしかなかったと記憶しています。それほど再生ファンドの経営のスピードというのは、想像を超えるものでした。それも「みんなでコーヒーを飲みながら」というカジュアルな場での交渉です。それでもこれだけ大きな決断をしてしまうことに驚きました。

合意に当たっては、こんな約束も交わしました。ローンスターはわたしと交渉を重ねるごとに、わたしがゴルフをこよなく愛している人間であると感じたようです。同時に、わたしに経営者としての経験があることも調べたようです。お互い「いいじゃないか。やりましょう」と意思確認をした一方で、「一切、敵対行為はなしにしましょう」という約束も交わしました。要は、同じようなビジネスプランを他でやったり、他の誘いに乗ったりするようなことは裏切り行為に当たるからです。ですから、お互いに配慮をしたのです。

ローンスターは当時で２兆円の資金を持っていました。これは日本向けだけのお金です。日本でバブルが弾けて不良債権が続出しているという情報を聞きつけた世界の投資家が日本のマーケットに投資して企業を再生し、リターンとして配当しますというローンスターの方針に賛同し、ローンスターに２兆円というお金を預けたのです。

また、興味深いのは、そのローンスターには一頃、旧大蔵省出身の日本人も在籍していたことです。例えば、ローンスターの日本法人「ローン・スター・ジャパン・アクイジッションズ」の会長だった岩下正《いわしたただし》さんです。岩下さんは首相秘書官や大蔵省（現・

財務省）副財務官、駐米国公使、同省国際局次長などを歴任したエリート。岩下さんはＰＧＭ設立の頃にも尽力してくれたのですが、旧大蔵省も自分たちは再生ファンドなどと接したことがなかったので、アメリカの企業再生の手法を勉強する好機と捉えていたのかもしれません。

他にも野村證券の副社長を務めた後、多数国間投資保証機関の初代長官や参議院議員として経済企画庁長官になった寺澤芳男《てらさわよしお》さんも後にローンスター日本法人の会長になりました。

一方、ローンスターにとっても、日本の金融に通じている人材がいてくれた方が仮にトラブルが起きたときに助かります。ですからＰＧＭにはローンスターのサポートを受けながらも、日本サイドをサポートする人材もいたことになります。こういった野性的な面を持っているのがアメリカと日本の違いだと思います。

「ハゲタカ」と呼ばれて……

ゴルフ場を再生するパシフィックゴルフマネージメント（ＰＧＭ）をわたしが創業

したのは2001年（平成13年）。経営破綻したゴルフ場を買い集め、トータルで再生するというビジネスモデルは日本では画期的なものでした。しかも利用者はリーズナブルな料金でプレーすることができます。

当時、世界で一番大きいゴルフ場運営会社がアメリカにありました。「アメリカンゴルフコーポレーション」という会社は370コースを運営していたのです。ゴルフコースは1つや2つ持っていても運営コストは下がりませんが、多く持っていれば、例えばレストランの食材やゴルフ場の肥料、芝の種などを一括購入することで大幅にコストを下げることができるのです。これがゴルフ場運営のキーポイントであることを早い時期から知っていました。

ところが会社設立前、バブル崩壊後の不良債権処理に追われていた国内の金融機関からの資金調達の道が閉ざされていた中、資金面の工面《くめん》をしてくれたのが、米投資ファンドのローンスターだったわけです。しかし、自分でも想定外の批判にさらされることになりました。ローンスターが外資系ファンドだったため、最初は「ハゲタカ」呼ばわりされるなど、誹謗中傷を浴びることが多かったのです。

しかし、わたしはこの反応に疑問を感じていました。なぜなら、ファンドの資金を入れなければ誰も手を出さないわけですから、そのままゴルフ場は倒産していきます。結果として不良債権の処理が遅れ、自分で自分の首を絞めることになるのです。そこに日本の限界を感じていました。日本は周りと同じ視点でしかモノを見ませんし、「そうではないですよ」という人には攻撃を仕掛けます。

そもそもアメリカのファンドを十把一絡《じっぱひとから》げに「ハゲタカ」と呼ぶのはファンドの性格を理解していない証拠です。ビジネスの世界は真剣勝負の世界です。不正を働いて一儲けしようというのは一部の人たちに過ぎず、不良債権買取再生ビジネスは正当なビジネスなのです。誹謗中傷を受けて悔しい思いをしたのは確かですが、このビジネスが成功すると確信していただけに、逆にエネルギーになったことも事実です。

では、具体的にどのようにゴルフ場を再生させていったのか、その経緯をお話ししましょう。わたしがゴルフ場の再生を始める際に最初に行ったことは、ローンスターから支援してもらった資金を活用して倒産したゴルフ場を買収することでした。ところが、そこで日本の法体系という壁が立ちはだかりました。

日本では倒産したゴルフ場は裁判所が預かります。そして、裁判所に倒産手続きを申請しなければ、倒産は認められないのです。日本の企業は裁判所に全ての経営状態を調べてもらい、これは間違いなく倒産環境にあると裁判所からのお墨付《すみつ》きをもらって初めて〝倒産〟になります。

倒産を経験する人はそんなにいませんので、あまり馴染《なじ》みのない話ではありますが、あくまで「倒産」の判断を下すのは裁判所ということになります。ですから、赤字で資金繰りに困ったら、その時点で倒産企業として分類されるわけではないのです。わたしもそれまではそう思っていました。しかし違ったのです。

経営が苦しくなった会社が裁判所に倒産と認定されて初めてオフィシャルに「この会社は倒産した」とアナウンスされます。そのアナウンスをもって初めて銀行などの金融機関がその会社に貸し付けているものが不良資産として勘定されることになるのです。そして、実際の法律的な手続きがスタートします。

２０１８年（平成30年）早々、振り袖の販売やレンタルを手がける業者が突如、お店を閉じた問題が起こりましたが、このニュースが公になった時点で、その会社は実質的には倒産している状況にあったのですが、裁判所が認めていないので倒産したわけではありませんでした。ですから、報道時点では、金融機関などはまだ債務を押さえたりすることはできなかったのです。その意味では、日本は大変な国と言えます。

倒産した「地産《ちさん》」の債権者集会　～飛び交う怒号《どごう》の中での説得～

話を戻しますと、このゴルフ場は間違いなく倒産だという裁判所からの判断が下されると、ようやくわたしたちが「それではこのゴルフ場のこの資産を買わせてください」と言えます。当時はまだ民事再生法や現在のような効力のある会社更生法は存在していませんでした。

政府がこれらの法律を制定した背景にあるのは、この企業再生ファンドの台頭が大きい。欧米の企業再生ファンドが日本にやって来て、倒産した日本の会社を買い取っていたところ、彼らから「日本には企業を再生させる特別な法律がないのか？」と言われたのです。それで政府が慌てて、これらの法律を作りました。

わたしもこれらの法律の存在を知りませんでした。ローンスター側から「民事再生法が存在しなければ企業再生は難しい」と言われたことを覚えています。当時の小泉純一郎首相と塩川正十郎財務大臣が旗を振り、民事再生法の制定に動き出します。

通常のように国会審議にかけて法律を制定するほど時間をかけられないという事情

があったため、議員立法といった形で成立させました。これらの法律ができたことで、経営者の経営責任が厳しく問われることにもなりました。それまでは会社が倒産しても、その再建に向けて従来の経営者が残る事例もあったのですが、法制定後は、会社のトップとして残り続けることが難しくなったのです。

また、倒産した会社を買収した際には、必ず倒産した会社の債権者にきちんとした説明が求められました。つまり、その会社の債権者を集めた債権者集会を開き、「わたしがこのゴルフコースを買います。つきましては、このような条件で買いますから、一部は皆さんにお返しします」と。例えば、1000万円を貸している人には、その1割ぐらいの返済でご理解いただく。

債権者集会は裁判所の立ち会いの下で行われます。ですから、透明性があるわけです。債権者からすれば拠出した資金の全額が返済されるわけではありませんが、ゼロになるよりはマシです。このような流れで倒産したゴルフ場の買い取りを進めていきました。PGMが手掛けた再生の第1号は関西のゴルフコース。その後、大型の倒産案件が出現し、わたしが再生を手掛けることになりました。

それが2002年（平成14年）8月に会社更生法の申請をした「株式会社地産《ちさん》」。

負債額は３２０７億円で、全国に19のゴルフコースを保有していました。また、高度経済成長期に展開したビジネスホテルなども30棟ほど所有していたため、バブル崩壊の煽《あお》りを受けて膨大な債務超過に陥りました。

わたしたちが再生を請け負うことになり、わたしが事業家管財人に就きました。弁護士を20人ほど雇って地産の経営状況を調べた結果、買収額を決めました。様々な条件を定めて裁判所に出向き、裁判所の立会いの下で債権者集会が開かれました。この債権者集会はまさに修羅場《しゅらば》でした。

「ふざけるな！」

金額を聞いて納得のいかない債権者からは怒号《どごう》が飛び交ったのです。

「たったそれだけの金額で、これほどの資産を買うとは何たることだ！」

我々は吊るし上げのような状況。債権者の立場からすれば当然かもしれません。しかし、わたしは懸命に説得しました。

「倒産した会社を買い取って必ず再生させます！」

そんな中で「ハゲタカ」という言葉が新聞紙などで飛び交うようになり、外資の企業再生ファンドに対するマイナスイメージが日本全国に広がっていったのです。ところが、そんな風潮の中で唯一、わたしたちを応援してくれた方がいらっしゃいました。それが作家で経済企画庁長官だった堺屋太一《さかいやたいち》さんです。

堺屋さんは「企業再生ファンドをハゲタカと呼ぶことは、あまりに乱暴だ」と言ってくれたのです。企業が倒産すれば、雇用が失われ、工場などがある地域の経済が疲弊してしまうし、国からすれば税収も減ってしまう。そういったことをご理解くださったのでしょう。

大批判の中でも応援してくれた人たち

ただ、ゴルフ場の再生を始めて4年くらいは精神的にも辛いものがありました。地産の債権者集会でも「廣瀬さんは外国の会社からお金を出してもらったそうじゃないですか。そんな会社が地産のゴルフコースをどうやってマネージするんですか?」。もちろん、わたしも不安に思うだろうなとは思いました。

さらに「一企業がゴルフコースを再生するといったって信用できない!」と叫ばれたこともありましたが、わたしも再生できるという確信がなければ倒産した会社を買い取りしたりはしません。わたしは「皆さんがわたしのプランにノーとおっしゃるのであれば、わたしも買う必要はありませんし、買うつもりもありません。でも皆さんが、このプランだったら協力しようと言っていただければ、わたしは買って再生します」と。

そんな中で応援してくれたのが堺屋さんだったわけです。「廣瀬さん、これは大事な仕事だと思うよ。頑張りなさい」と言ってくれました。わたしを応援してくれた堺屋さんには是非ともＰＧＭの社員を勇気づけて欲しいと思ったので、「堺屋さんのお考えを全社員に聞かせたいので、会社に来ていただけませんか」とご相談すると、わざわざＰＧＭにも出向いてくれました。

堺屋さんは企業の再生というのはアメリカではごく普通にやられていることであり、日本でもそういった企業再生の経験はとても大事になる。わたしも皆さんを応援するから頑張って欲しいと言ってくれました。わたし自身、企業再生の意義はとても大きいと思っていたので、この応援には凄く助かりました。

誰も倒産した会社の再生に手を挙げていなかった中で、我々は資金を出して再生する。倒産した会社が再生できれば、きちんと健全な税金を払うことができるようになりますし、再び地域に貢献することができます。ですから、当時のわたしの気持ちとしては救世主、あるいはレスキュー隊という気持ちでした。

堺屋さんと同じように、わたしのことを応援してくれたのが富士ゼロックス元会長で経済同友会の代表幹事を務めた小林《こばやし》陽太郎《ようたろう》さんです。小林さんは、わたしの考えているゴルフ場再生ビジネスの説明を聞いて「廣瀬君、これまでのものを変えるということは大変なことなんだよ」と苦言《くげん》を呈《てい》してきました。ところが小林さんは続けてこう言って、わたしを励ましてくれたのです。「でも、変えなければ次の時代にはつながらない」。小林さんの激励を聞いて、ずいぶん力をもらいました。

それから評論家の大宅映子《おおやえいこ》さんも、わたしの背中を押してくれた方の一人です。大宅さんのお父さんは「一億総白痴化」を予言した著名なジャーナリスト。その大宅壮《おおやそう》一《いち》さんとわたしの伯父・藤山愛一郎が親しかったこともあり、初対面の頃から親近感を感じていました。その後、何度もお会いしているうちに、わたしが新たにゴルフ場再生のビジネスを始めようと思っていると打ち明けると、それを聞いた大宅さんは「頑張って、頑張って」と後方支援をしてくれたのです。大宅さんは大変厳しい人ではありますが、安心感があるので何でも相談してしまいます。

ゴルフ場の再生に当たって、わたしの抱いていた信念は次のようなものでした。倒産したゴルフ場の経営戦略は、倒産前の経営者と債権者の間で決められていたわけですが、その戦略が倒産という結果につながってしまった。そういったゴルフ場の再生に、わたしたちが乗り出す際には、それまでの戦略や契約を全てクリアにしなければならなかったのです。ですから、わたしは80回ほど債権者集会に参加しましたが、挨拶の席では必ずこのように債権者の方々に説明してきました。

ただ前述の通り、周囲からは「ハゲタカ」と批判されていたわけですから、手を引くという選択肢もありました。しかし何もしなければ、日本の企業がどんどん倒産して日本経済は落ち込んでしまう。引いてはグローバル競争で生き残ることができなくなります。ですから、決して諦めるわけにはいきませんでした。

創業5年で東証一部上場を実現

ゴルフ場のマネジメント・ビジネスで最も難しいのは会員の意向です。ロジックがしっかりしていないと、感情的になって話がこじれてしまいます。ただ、ＰＧＭの場合は倒産したゴルフ場しか買いません。したがって、そういったゴルフ場のクラブハウス、コース共に老朽化が進んでおり、ボロボロの状況になっています。そのゴルフ場の会員にプレー権を保証し、再投資してゴルフコースを造り直して再生するのです。

それにはゴルフ場のマネジメントができるかどうかを見極める能力が求められます。また、この仕事は経験と勘とスピード、資本がタイミングよく動かなくてはうまくいかないと思いました。「自分が会員になっているコースが生き残った」と思っていただけるようにして、やがて会員権を流通させようという流れをつくっていくことが成功の秘訣《ひけつ》だと思います。

会員数の多いゴルフ場では3500人というゴルフ場もありましたし、コースも36ホールから18ホールなど多岐にわたり、平均すると1コースに2000人の会員がいる計算になります。こういったゴルフ場の会員の方々が変わらずプレーを楽しむことができているわけです。会員権の価格は下がったかもしれませんが、投資した分のプレーはしっかりできていると言えるでしょう。

なおかつ、ゴルフをプレーする人はゴルフ場でゴルフ場利用税を支払うのですが、この税は地方税になります。都道府県から市町村にお金が回っていくわけです。ゴルフ人口が増えれば、地方の市町村にとっては大変な収入になります。

　また、ゴルフ場のキャディやメンテナンスの業者、場内のショップやレストランで使う食材といったものも含めて考えれば、ゴルフ場が存続することの意義は大きく、地域に対する貢献も非常に大きなものになります。ですから、今では企業再生が目に見える形になったので、関係者の方々からは「ありがとう」と感謝されるようになりました。

　その後のＰＧＭは大きく羽ばたきました。その中でもわたしの誇りは東証一部への上場です。創業５年で東証の一部に上場した事例は、それまでの東証の歴史にもなかった快挙だったからです。やはり東証一部への上場でしたから、内部監査も非常に厳しかった。経営陣の言っていることと現場で言っていることが食い違っていることがあると、その理由もしっかり突っ込んできました。

　それでも創業５年での上場、しかも東証一部への上場を成し遂げたＰＧＭの記録は未だに破られていません。わたしは上場の申請を出して上場が承認された時点では、当たり前だと思っていたのですが、改めて今考えてみると、凄いことだったと感じているところです。

特に企業再生ファンドを活用した点は日本の企業再生の在り方に一石を投じることができたのではないかと自負しています。当時は「ハゲタカ」と呼ばれ、日本ではあまりいい印象を持たれていなかったからです。

当時の東京取引所グループCEO（最高経営責任者）の斉《さい》藤《とう》惇《あつし》さんもファンドの評判が芳《かんば》しくない中で上場することに不安を感じている様子でしたが、わたしが「IPOブームを日本で作れなければ、世界の競争に負けてしまいます」と訴えると納得してくれました。ですから、斉藤さんからも大変大きな後押しをいただきました。

同じ1ドル札でもファンドと日本銀行では役割が違う

この頃、とても滑《こっ》稽《けい》な出来事もありました。PGMが軌道に乗り、上場への足掛かりも掴《つか》んだ頃、突然、1本の電話がかかってきました。相手は、わたしがPGMを設立するときに資金援助を相談しにいったメガバンクの担当者。

「廣瀬さん、そろそろお取引を始めませんか？」

いまさら何の用か……。頭に来たわたしは「ふざけるな！　当時の頭取が来るならいざしらず。どういうことだ！」と突き返しました。

「そんなことを言わずに是非お願いします」

あまりに頼み込んでくるので、「当時、わたしがお会いしに行ったときには５人の方々の名刺をいただきました。その５人が来るのであればお会いしましょう」と条件を出したのです。後日、そのときの頭取をはじめ、メガバンクの人間がやってきました。ところが人数は５人ではなく３人。聞けば残る２人は転勤で地方に行ってしまったという。話にならないと思ったわたしは皆さんにお引き取り願いました。

ローンスターからは１６８０億円の資金を拠出してもらっていましたし、彼らからも「買いたいゴルフ場があれば買ってください」と言われていましたから、特に銀行からお金を借りる理由もありませんでした。それでも敵も然《さ》る者で、その後も銀行からは何度か提案が来ました。内容はファンドよりも金利を安くするから融資の切り替えをして欲しいというもの。最初は断っていたのですが、何度も頼み込んできたこともあって、最終的には銀行との取引も始めました。

ローンスターからファンドがどのような考え方を持っているかを学べたことは、わたしにとって大変有意義なものでした。かつてローンスターから「ファンドの勉強をしに来ないか」と誘われて、本拠地のあるテキサス・ダラスに行ってＣＥＯの話を聞いたときのことです。彼はデスクの上におもむろに１ドル札を２枚置き、１枚目の１ドル札を指さしてこう言うのです。

「これはわたしの１ドル札」

次に横の１ドル札を指す。

「こちらは日本銀行が持っている１ドル札」

彼は「同じ１ドル札で何が違うと思いますか？」と聞いてきました。

「えっ、どちらも同じですよね？」

わたしがこう答えると、彼は「それが素人の考え方だ」と返してきました。彼の言いたかったことはファンドが持っている１ドル札は投資家がリスクに対してお金を払ってもいいという性質を帯びている一方で、日本の銀行の１ドル札は日本人が汗水流して働いて稼いだもので、そのお金を銀行に預けている。そういったお金を預かっている銀行はリスクのあることに投資することはできない、ということだったのです。

したがって、アメリカのファンドから見ると、日本の銀行はいくらお金を持っていても、簡単にはリスクのある投資はできない。日本の銀行をそういうものとして見ている。だから、日本の銀行は我々の競争相手ではない。我々は日本でゴルフ場を再生するために使うという前提でお金を集めているわけだから、リスクのある投資であることを投資家も十分に分かっている。リスクを冒してでも資金を回して欲しいと頼まれているわけです。そういったことを理解しなければなりません。

この話を聞いて非常に勉強になりました。ファンドが担っている役割を一から学ぶことができたのです。欧米人は、ハイリスク・ハイリターンの分かった人がファンドに投資し、その資金を預けられたファンドもハイリスク・ハイリターンのビジネスにお金を使うべきだと考えているわけです。そういうファンドをつくって初めて再生ビジネスというものは世の中が納得するビジネスになるということです。そんな思想を抱いたわたしはゴルフ場の再生に邁進《まいしん》してきました。PGMはその後、次のような歴史を経ていきました。

・2004年（平成16年）2月　子会社・パシフィックゴルフプロパティーズ設立
・2004年（同）12月　パシフィックゴルフグループインターナショナルホールディングス（PGGIH）設立

2005年、ゴルフ業界で初めて東証一部に上場

・２００５年（平成17年）12月　ＰＧＧＩＨがゴルフ業界で初めて東京証券取引所第一部に上場
・２０１０年（平成22年）７月　ＰＧＧＩＨがＰＧＭホールディングス（ＰＧＭＨ）へ社名変更
・２０１１年（平成23年）12月　ＰＧＭＨが平和の連結子会社へ
・２０１５年（平成27年）８月　平和の１００％子会社化に伴い上場廃止

開業率を高めて閉塞した日本経済の活性化を！

わたしは２００９年（平成21年）６月までＰＧＧＩＨ会長兼社長を務め上げました。ローンスターもパチンコ機器メーカー大手の平和《へいわ》に株式を売却することでリターンも得ることができたのです。２０１１年（平成23年）に平和がＰＧＭホールディングスに対してＴＯＢ（株式公開買い付け）を実施し、年内に連結子会社化となったわけですが、実はわたしがＰＧＭに在籍していた頃、親会社が代わったときには、次の２つを新たな親会社にお願いするよう心に決めていました。

要は、ＰＧＭの経営に対する自主性の維持です。ローンスターが保有するＰＧＭの株式を取得した新たな親会社からＰＧＭに取締役を派遣する場合、社外取締役という立場で経営に参画して欲しいということが１つ。そしてもう１つはＰＧＭのマネージメント（経営）を活用して欲しいということです。

この条件を平和は飲んでくれました。通常であれば、平和がＰＧＭの株式の80％をローンスターから取得してＰＧＭを子会社化するわけですから、親会社である平和からは、社長をはじめとした経営陣が派遣されることになるのが通例です。しかし、わたしは社長などの経営陣が一気に変われば、ＰＧＭの経営が揺らいでしまうと危惧《きぐ》していたのです。結局、平和が大株主になってもＰＧＭの社長は変わらずに続投。平和からＰＧＭの取締役に就任した方々は、みんな社外取締役となりました。

結果として、ＰＧＭの経営は揺らぐことなく、平和の下で現在も成長を続けています。２０１７年（平成29年）３月31日現在のＰＧＭホールディングスの従業員は９０００人近くおり、１３９のゴルフ場（18ホール換算で１７０コース、２０１８年（平成30年）２月１日現在）を保有・運営しています。もし企業再生ファンドが援助しなければ、これらの存在がなくなっていたわけです。何よりも喜ばしいことは、ＰＧＭの会員である16万人を守ることができたことです。

ＰＧＭではわたしたちにしかできない方法で、質の高いゴルフ場運営を実現し、様々なゴルファーの期待に応えるゴルフ場のネットワークを広げることがミッションでした。日本から多くのゴルフ場が消えかかった時代に、ＰＧＭはゴルフ場を守り、ゴルフ文化を守ることができたと思っています。

ローンスターの支援を受けた当初、日本ではアメリカのファンドを「ハゲタカ」呼ばわりし、日本人はみんな疎《うと》んじていました。ただ、事業を興すサイドから見れば、事業立ち上げのための資金を提供する金融事業者が必要です。世の中には、ハイリスク・ハイリターンの投資をしたいと考える投資家もいるのです。その事業立ち上げの資金が欲しい事業家と魅力のある投資をしたいと願う投資家をマッチングさせるのがファンドの役割でもあるのです。これは銀行ではできません。

要は、リスクのあるところへ投資したり、融資しても、かなりの確率で投下資金を回収し、一定の利率を確保する金融のノウハウや仕組みを日本側が持っていなかったということになります。わたしがＰＧＭを立ち上げ、上場を実現するまでに成長させたことは、ファンドという新たな資金供給者を活用して事業を再生させるという、これまでにない事業再生のモデルケースをつくったと自負しています。

いま、日本を元気にさせるという点では、低い開業率を高め、少ないベンチャー起業家を１人でも多く増やしていく必要があります。その意味では、わたしも微力ながら、少しでもたくさんのベンチャー起業家を勇気づけなければいけないと思っています。ＩＰＯ（新規公開株）を増やし、開業率を高める。その筆頭格にＰＧＭがなれたことは、わたしの誇りにもなっています。

第7章

株式会社による大学運営

～ＢＢＴ大学院の設立～

大前研一氏との問題意識の共有　～欧米に比べて後れを取っている日本の教育～

わたしは起業家として長い間歩んできましたが、社会人大学院大学の創設者の1人でもあります。その大学院とは一部上場企業でもある「株式会社ビジネス・ブレークスルー」が運営する「ビジネス・ブレークスルー大学大学院（ＢＢＴ大学院）」です。世界を舞台にリーダーシップを発揮し、どのような環境下においても成功事例を生み出すことができる人材を輩出する――。これがＢＢＴ大学院の使命です。

実はＢＢＴ大学院の学長・大前研一さんとわたしは旧知の仲。その大前さんと問題意識を共有したことが一緒にＢＢＴ大学院を作るきっかけになりました。わたしが大前さんと出会ったのは、大前さんがマッキンゼー日本支社長、わたしがジョンソン・エンド・ジョンソン（Ｊ＆Ｊ）日本法人社長のときです。

当時、米Ｊ＆Ｊではグローバルでマッキンゼーとコンサルタント契約を結んでおり、日本でも何かあると定期的にマッキンゼーにコンサルをお願いしていたのです。そんな縁で大前さんと知り合い、価値観も近しいこともあって個人的にも親しい間柄になりました。

「ところで廣瀬さん、日本の学校というものについてはどう考えていますか？」

大前さんと仕事の話をしている中で、突然、彼からこんな問題意識を投げかけられました。大前さんは日本ではグローバル化の必要性は叫ばれていましたが、グローバルで活躍できる人材を育成するインターナショナルな教育がないということに危機感を抱いていたのです。

「まだまだ後れを取っていますし、教育体系が確立されていませんね」

わたしはこう答えました。実際、大学を卒業して会社員になり、会社で日々の業務に携わる傍《かたわ》らで勉強していたとしても、学んだ学力を生かした人生を送っている人は少ないのではないか。これはどうしてなのだろうか。お互い、その問題点を考えるようになったのです。２人の会話の中から出てくる言葉は結局、欧米との対比でした。アメリカやヨーロッパではどのような教育体系になっているのだろうか。すると、出てきた答えは、欧米では大学院制度が後の人生に大きく影響しているということだったのです。

日本では大学院というと、学者になる前の勉強をする一過程というような形でしか理解されていませんが、欧米を見ていると、大学院で学ぶことは社会の一員として高いレベルで勉強することになり、その目的に向けた環境も揃っていました。というのも、その頃、欧米では大学院の制度そのものを大きく変えようとしている時期でもあったのです。

欧米と日本の大学院との位置付けの違い

要するに、大学を卒業した学生がそのまま大学院に進学できるようにしていた従来の制度を変えて、大学を卒業してもそのまま大学院に進学できるわけではない。大学を卒業したら必ず社会に出て、2～3年にわたって社会人の経験を積んでから大学院に進学する。そういう流れに変わりつつあったのです。

勉学に励む大学時代を経たら、いったん社会に出て、そこでの経験を積む。ただ何となく大学院に進むということではなく、社会での実経験を積み、その経験を身に付けた上で大学院に進学して来て欲しいと考えたのです。ですから、社会人としてブラッシュアップしてから大学院に入ってくることになりますので、講義は全てケーススタディとなるわけです。

欧米の大学院では理論といったものは勉強しません。もし、このようなケースが起こったら、あなただったらどのような判断をしますか、といったビジネスの上でのケーススタディを勉強する場所が大学院なのです。

大学で理論は勉強した。それを身に付けて社会人としてビジネスをした。大学院ではその両方の経験を生かして様々なケーススタディを学んで、より時代にマッチしたジャッジメント（判断）ができる能力を大学院で身に付けてくださいという流れだったのです。

一方、日本の大学院を見ると、基本的には大学の勉強の延長でしかありません。しかも、大学院を出ると、企業からは「学者を雇うことになるのではないか」と受け取られてしまい、逆に大学院生が採用されるケースが少なくなっていました。

アメリカの大学院は違います。実体経済の中で、これだけの勉強をした人であれば、すぐに即戦力として役に立ってくれるだろうと判断されます。そのような大学院制度が構築されているのです。この差は非常に大きい。大前さんとそんな問題意識を共有したのが１９９０年代後半でした。

それから他にも大きな壁が2つありました。それは大学院に行くことがもの凄く大きな犠牲を伴うものであったということです。その犠牲とは自分の働いている仕事を続けられないことです。大学院に通うとなると、まず時間や場所などの物理的な面で働きながら通うことができない。これは今でもそうです。

もう1つは学費が高過ぎるということです。現在、アメリカの名門大学院に行こうとしたら、年間800万～1000万円の学費がかかります。最低2年間通うことになりますから、合計で約2000万円です。これは日本の大学院でもそうです。しかも、前述の通り、仕事を続けることができません。

これらの課題をどのように解決すればいいか。大前さんと考え付いたのが、働きながら学べるシステムを作ればいいということです。そのためにはインターネットを活用すればいいのではないかとなりました。ネットを有効活用すれば、便利になりますし、学費も抑えることができます。

ただ、当時は今ほどネットが普及していませんでしたので、当初はテレビで講義を受けるサテライトを念頭に置きました。自分の都合の良い時間帯にテレビのスイッチを入れて勉強してもらう。そうすれば、仕事を辞めずに済みますし、朝早くても夜遅くても問題はありません。

そんな過程を経て「ビジネス・ブレークスルー大学大学院大学（当時、現・ビジネス・ブレークスルー大学院」が開学したのが２００５年（平成17年）のことでした。

実は、開学する前の１９９８年（平成10年）から衛星放送で24時間放送のサテライト番組を放送していたのですが、そのときからたくさんのお申し込みがありました。

その後は、先ほど申し上げた通り、ネットの普及に相まってパソコン上で番組を配信できるようになり、サテライトでかかっていた契約料などの費用も削減することができるようになりました。授業料を押さえることができる上に、好きな時間帯に勉強ができる体制を整備することができたのです。「エア・キャンパス」というコンセプトを新たに打ち出し、株式会社経営によるネット空間を使うバーチャルな経営大学院を新設したわけです。

BBT大学院の麹町校舎（東京・麹町）

このことは受講生にとっても非常に好評でした。まず講義を受けるためにキャンパスへ行く必要がなくなりました。それは受講生だけでなく、講義をする先生も同じです。ラッシュアワー時の満員電車に乗って通学する必要がなくなるわけですから、もの凄く大きなメリットがある。さらに今の仕事も辞めないで済みますし、授業料も安い。三拍子揃っていたわけです。

　ここまで聞くと、大学院の設立が簡単なように見えますが、決してそんなことはありません。実はもっと苦労したことがあります。大学院という教育機関を新たに作るわけですが、その前段階で文部科学省との調整が必要でした。大前さんと大学院を作ろうと決めた際、何から始めればいいか分からなかったので、直接、文科省に聞きに行ったことがあります。

　まさにゼロからの立ち上げです。すると、学校を作るためには、設立に当たっての法律に則《のっと》る必要があると言われ、「これに準じて行ってください」と上製本を渡されました。ここで初めて知ったことが「学校経営は学校法人しかできない」ということでした。しかも、資金は寄附を前提としています。

　これは大変だ――。会社の会議室に閉じこもって資料を読み進めていくと、日本で学校を経営することが並大抵のことではないと分かってきたのです。しかも、その法律がいつ制定されたか見てみると、当時から遡《さかのぼ》って約60年も前のこと。戦争直後にできた法律だったのです。

株式会社の学校設立を巡って文科省と丁々発止《ちょうちょうはっし》

では、そもそも学校法人とは何なのか。学校を作ろうとする人は、まず学校法人を作らなければならない。そして、学校法人を設立するためには、法律で定められた義務を全《まっと》うできなければならないと書いてあります。

具体的には、資本金の額が一定額以上必要で、学生1人当たり何平米のキャンパスを用意しなければならない。あるいは学校を作るためには何人以上の学生が必要で、さらに医務室を作って専属の医師や看護師も置かなくてはならない……。このような条件がズラッと並んでいたのです。

そうすると、とんでもない資金がなければ学校など開くことができないということが分かってきました。しかし、そんな大金を用意することはできません。

「こんな効率の悪いシステムがあっていいのか」

そう思った大前さんはコンサルタントでもありましたから、すぐに現在の学校法人がどのようになっているかを調べたのです。しかし、フタを開けてみると、調べることすらできないということが分かりました。その理由は、学校法人は株式会社ではありませんから、一般に財務状況を公表していないということでした。国や文科省には届け出ているのですが、我々のような一般の人々には見ることができないようになっていたのです。

これはおかしくないだろうか。そうであるなら株式会社で運営した方が合理的ではないか。つまり、株式会社であれば、少なくとも年1回は決算をし、財務状況を全て明らかにしています。資産状況がどうなっているかも一般の人々にも分かるわけです。

この前提を踏まえ、大前さんは、学校は株式会社が経営した方がより合理的だという理論でレポートをまとめ、それを持って「我々は株式会社が経営する大学院を作ります」と文科省に届け出たのです。すると、文科省からは大反対運動が起こりました。

「そんなことできませんよ。法律を見てください」

ところが大前さんもひるみません。

「既に法律は見ました。しかし、法律に沿った方法では自由な学校経営ができないと思います。ですから、我々は自分たちで新しい方法を考えました。これについて議論をさせてください」

頭ごなしに「そんなことはできません」と言われたので、わたしたちも逆に頑張りました。学校法人の経営をガラス張りにするわけですから、部外者も状況を知ることができる。こんな良い案はありません。しかし、文科省から断られてしまった。

困り果てたところで人の伝手《つて》を使って相談しに行った相手が時の総理大臣だった小泉純一郎さんでした。当時、小泉さんは「官から民へ、国から地方へ」という明確な政策理念を掲げ、規制改革を強烈に推《お》し進めていました。その小泉さんが、わたしたちのやろうとしていることに興味を持ってくれたのです。

特区を推奨《すいしょう》していた小泉純一郎首相

小泉首相にお会いした際、わたしたちに向かって小泉首相は「君たちの会社はどこだ?」と聞かれました。そこでわたしたちは「麹町です」と答えました。すると、「最近、わたしは特区という新しい制度を考案した。その特区の中でなら可能かもしれない。今の法律の枠組みではできないけれども、アイデアとしては面白い。ちょっと時間をくれませんか?」。それから2~3カ月後、小泉さんから連絡が来たのです。

「君の会社は千代田区だったよね。千代田区を学校特区に指定するから、その中でやりなさい」

特区というアイデアを政策の売り物にしていた小泉さんは頭の回転の速い人だと思いました。今にして思えば、特区がなければ現在のBBT大学院は存在しません。特区は法律で規制されていても、その区域内かつ良いアイデアならば採用していこうという制度です。我々は千代田区の特区の中でBBT大学院の新設を申請しました。

千代田区は学校特区にしても不思議がないほど、小学校から大学までの教育機関が集中している地域でした。その背景を受けて小泉首相が文科省に「良いアイデアがあるから千代田区を特区にしなさい」と進言してくれたようで、文科省は驚きました。ただ、そこからがまた大変でした。

文科省と交渉を進める中で、1つの課題がインターネットを使った遠隔教育の導入についてでした。何でも、文科省の下部組織が、この遠隔教育に関して既存の大学院が教育合理化のために進めたいとの意向を持っており、全くの学校運営の素人である株式会社に入って来られると大変だという理屈だったのです。

しかし、大前さんとわたしたちは彼らが反対しても、法律では認められたことだと考え、半ば強引に始めました。すると今度は、その下部組織から「千代田区という特区での運営だから、学生は千代田区に限って欲しい」と要望を出してきたのです。しかし、これにもわたしたちは反発しました。もともとＢＢＴ大学院のコンセプトはネットを活用することで、社会人が今現在勤務している会社を辞めなくても勉強できる教育環境をつくることにあったからです。つまり、我々の視野の先にあるのは世界でした。このように切り返すと、彼らは何も言ってこなくなりました。

　そして実際に学生の募集を始めると、世界各国から応募者が来ました。ＢＢＴ大学院が開学した初年度に当たる２００５年度には募集枠が１２５名だったのですが、あっという間に埋まり、応募者のうちの４割が海外で働く日本人の駐在員だったのです。駐在員は海外で仕事をするわけですから、日本に帰国するときに最も危惧《きぐ》するのが〝浦島太郎〟のような状態になることでした。

　つまり、海外で働いていた自分が帰国すると何も分からないという心理的なプレッシャーを持っていたのです。このことはわたしにも駐在経験がありましたからよく分かっていました。そんな彼らのニーズをＢＢＴ大学院は汲《く》み取ったということでしょう。

しかも、海外に駐在する日本人からすれば、ネットを使って好きな時間に勉強ができますし、大前さんをはじめとする経営の専門家から経営の勉強を教わることができますから飛びつくわけです。学費も2年間で225万円。日本の大学院の平均的な学費よりも低い学費でMBA（経営学修士）の資格を取得できるわけです。好評を博したということでは、わたしたちのマーケティング力の結果と自負しているところですが、一方でこの取り組みを通じて日本の教育には不思議な点が多いと感じました。

学校を運営するに当たって湧き出る疑問点

例えば、定員です。日本の大学の定員は文科省によって決められています。大学の定員を国が決めるというのは世界で日本だけです。これは国立大学だけでなく、私立大学もそうです。しかし、アメリカやイギリス、フランスといった先進国では大学の定員などについては全くのノータッチで、全て大学に任せています。これらの国々には、そもそも日本のような文科省がありません。

他にも教科書を国が認定するという手続きをとっているのは日本と中国だけです。

これも教科書法（教科書臨時措置法）という法律の定めがあるからです。実はこういう細かいところが日本の弱点にもなっているのです。わたしたちもＢＢＴ大学院の設立に取り組んで、初めてこういった決まりがあることを知りました。

学生の枠が国によって決められ、もし学校法人が大学を運営する場合には医務室を設置しなければならなかったり、キャンパスも1人当たりの面積が決められているため、ハードウェアの投資が必要になります。しかしＢＢＴ大学院は、特区の中でのエア・キャンパス（サイバー空間の中で教育する）による講義の仕方ですから、そういったハードの投資は一切やらなくて済みます。コストがかからないから学費も安く抑えられたわけです。

いま、大学の定員が埋まらないとよく聞きます。その定員とは何かというと、国から「あなたの大学はこれだけの学生を採っていいですよ」と与えられるものです。その定員が少子化で埋まらなくなってきている。その結果、定員割れという現象が新聞で報道されているのです。

もし、定員割れが2年連続で続けば、国による定員数が減らされます。そして、減った定員も満たせないという悪循環に陥ることになるのです。すると運営する大学は経営できなくなります。ただ、教育を受ける側からすれば、仕事をしながらキャンパスに行かずに勉強できて、学費も年で5分の1に済むとなれば、当然、そちらの方を選びます。

ですから、BBT大学院は、この競争社会の中で一部上場企業として認められるほど成長することができたのです。その後、BBT大学院は2010年（平成22年）に「ビジネス・ブレークスルー大学」という大学も設立し、その時点で定員も800人の枠をもらいました。それに伴い、運営母体であり株式会社でもあるビジネス・ブレークスルーの売り上げも大きくなっていきました。

ただ、日本の企業がグローバル経済の中で生き残っていくためには、それだけでは足りません。それは幼児教育です。この幼児教育にも取り組んでいかなければならないと考え、1歳半の子どもを預かることができる幼児教育の施設も作り、1歳半の幼

株式会社ビジネス・ブレークスルーは2005年12月13日に東証マザーズに上場した後、2016年12月１日に東証一部に上場

児から大学院を卒業するまでの一気通貫の教育環境をやっと整備することができました。

我々は幼児教育のノウハウを持っていたわけではありません。ですから、そこは経営難になっていた会社を買収しました。その1つが2013年（平成25年）に買収した「アオバインターナショナルエデュケイショナルシステムズ」です。同社は東京の練馬区と目黒区に幼稚園から小学校、中学校、高校までの一貫校を展開。託児所も運営しています。

世界に通用する人材づくりへ　～「国際バカロレア」の認定～

その中にはインターナショナルスクールも含まれているのですが、これらのインターナショナルスクールは「国際バカロレア」の認定を申請し、承認を受けました。これはジュネーブに本部がある国際バカロレア機構が認定しています。この国際バカロレアの教育プログラムを導入している学校を卒業すれば、世界中のどの国の大学や高校にも同機構が優先的に推薦してくれます。

ただ、この認定を受けるためには大変厳しい査定が課されます。そして、教師や職員の質を見るために、機構の審査員が来日し、教師と職員全員にインタビューをするのです。英語の先生でも英語が下手だと不合格になってしまうほどです。

しかし、生徒や学生は様々な能力を得ることができます。例えば、英語です。学校でのコミュニケーションは全て英語になりますから、海外の学校に進学する際には非常に有利になります。国際バカロレアの認定を受ける学校が急速に増えていますから、ケンブリッジ大学やプリンストン大学などに進学したいと思っても、この認定校を卒業していないと入学できないようになりつつあるのです。

こういった事情があることを知っている最近の学生たちの間では、日本の高校から日本の大学に進学せず、海外の大学に進むケースが増えています。その分、日本の大学に進学する学生が減っているのです。

もし、日本で国際バカロレアの認定を受けた学校が増えていけば、そのようなことは起こらずに済みます。ですから、わたしたちはそういったシステムを日本で作ろうと思っているわけです。「教育は大事だ」。皆さんそうおっしゃいます。しかし、真の意味で、その教育の大事さを理解しなければなりません。

ところが、既存の教育のシステムを変えるところまで踏み込もうという意気込みを持っている人は、あまりいません。それをわたしたちは着々と見えないところで固めていこうとしているのです。

その仕組みづくりの構築を戦略化し、株式会社という組織で経営していこうと考えたわけです。ＢＢＴ大学院はこの仕組みづくりをやろうとしているのです。この発想は、かつてわたしの母校である慶應義塾を作った福澤諭吉の発想と同じものになります。官学ではできないことを私学でやろうという想いです。

しかし、今はその私学でさえも、国から補助金を受けたり、定員を決められたり、教科書の検閲《けんえつ》まで受けなくてはならなくなっています。そのような教育システムの中で、これからますます激しくなるグローバル競争に打ち勝てる国際的な人材を育てることができるでしょうか。

この日本の現状を踏まえ、わたしたちが導き出した答えの１つが国際バカロレアなのです。このシステムで幼児から育てれば、大学を卒業した卒業生をグローバルなスタンダードを持った人材に育て上げて社会に送り出すことができます。これこそがＢＢＴ大学院の使命なのです。

開校14年で1000人を超える卒業生を輩出

　時代は変わりつつあります。当時、株式会社が学校を経営することに反対していた文科省の中にも、これに賛同してくれる若手が少しずつ出てきました。お陰でBBT大学院の卒業生は14年目で1000人に達しました。彼らは企業でビジネスを体験してきた企業人で、フレッシュマンはほとんどいません。BBT大学院のマスターズディグリー（修士号）を持っている人材が一部上場企業の役員や執行役員になるというケースも出てきました。一方で入学者には会社の役員もいますし、ドクター（医師）やロイヤー（法律家）もいます。

　BBT大学院が開学するまでには4年ほどの月日がかかりましたが、何とか理想とする大学院に近づきつつあります。しかし、挑戦は終わっていません。日本の官製社会は良いところもありますが、弱点もたくさんあるのです。その弱点をうまく活用しなければなりません。そこが知恵の見せ所なのです。

　BBT大学院の設立に当たって、資本金1億円は投資家11人からすぐに集まりました。既存の仕組みを打開するためにはアントレプレナーシップ（起業家精神）が不可欠。これは既存の仕組みの隙間《すきま》を知る力でもあります。もっと良くしたい、もっと改革した方がいいという仕組みは巷《ちまた》に溢《あふ》れていますが、そのためにどうすればいいか。具体的な動き方を見つけ出さなければならないのです。

こういったことは理論から出てきません。全ては実践から出てくるのです。だからこそＢＢＴ大学院ではケーススティを学ぶのです。理論志向の人材を育てるのがＢＢＴ大学院の使命ではありません。ＢＢＴ大学院は「こうすれば突破できるのではないか」といった物事の本質を掘り下げる能力を持つ人材を育てようとしているのです。

第8章

人とは違った発想を意味する「マベリック」

ピーター・ドラッカー先生の一言で独立を決意

〝マベリック〟――。これまで度々登場してきたこの言葉。わたしはこの言葉を冠する「マベリック　ジャパン」というコンサルタント会社を1999年（平成11年）に立ち上げました。実のところ、ジョンソン・エンド・ジョンソン（J&J）の日本代表を約10年間勤め上げ、同年1月から最高顧問に就任する1年前くらいから、「引退したら自分の拠点となるような会社を作りたい」と考えていたのです。

父方の祖父が起業家（日本陶器社長）で、母も元日本商工会議所会頭の藤山愛一郎の妹であったことから「自分で業を興す」といった廣瀬家と藤山家の精神が、わたしの中で脈々と流れていたように思います。ただ今一つ、起業を決断する際の理由が見当たりませんでした。

そんな中、在日米商工会議所（ACCJ）の役員だったときの、ある方のアドバイスが大きな後押しになりました。それがアメリカの著名な経営学者であるピーター・ドラッカー先生（故人）。ACCJが昼食会に講師としてドラッカー先生を招いたのです。そこでドラッカー先生にこんなテーマが投げかけられました。

「日本も高齢化社会を迎えます。それに伴って多くの人々が、特に団塊世代がこれから定年を迎え引退することになりますが、彼らは豊富な経験やノウハウなど、企業にとって有益な力を持っています。そのままにしていてはもったいないと思うのですが、彼らに対して、どんなアドバイスがありますか？」

するとドラッカー先生はこのように答えたのです。

「引退する人々は経験も知識も豊富です。彼らが引退して地方に隠居《いんきょ》してしまうようではつまらない。わたしはこういった人たちにコンサルタント業を勧《すす》めている。新しいビジネスチャンスが何かを掴《つか》むきっかけになる」

そのアドバイスを聞いて「悪くない」と思いました。J&Jを辞めたら小さくてもいいからコンサルタント業をやろうと心に決めました。そこで設立した会社がマベリック　ジャパンです。この「マベリック」という言葉の意味をお話ししましょう。

アメリカの牧場主の名前にちなんだ言葉

マベリックとは英語で〝群れない孤独を好む者〟あるいは〝異端〟といった意味合いを持ちます。1800年代初頭のアメリカ、現在のテキサス州に当たる場所にサミュエル・マベリックという牧場主がいました。テキサスは広々とした草原地帯で、土地が肥《こ》えており、食用の牛を放し飼いで育てる牧草地でした。

牛の飼育に関しては、水をやる以外は自然と生えている草を食べることができるため、何もしなくても牛は自然と育って行ったのです。歳月が経つにつれ、牛は自然と大きくなり、子牛を生みました。さらにその子牛も成長して子牛を生みます。

この地域の牧場主の習慣では、生まれたての子牛に焼き印を押し、自らの所有を表すことになっていたため、牧場名を牛の体に熱い鉄ごてを当てて焼きつけていました。これではっきりした焼き印がつき、牧場主は自分の子牛を他の子牛と見分けることができたのです。

ところが、そのマベリックおじさんは焼き印を自分の子牛全頭に押すことを止めました。なぜなら牛を求める他の人たちにプレゼントするためだったからです。もし、誰かが「雌牛《めうし》が欲しい」と言ってプレゼントされても、マベリックの名前の焼き印が押されていては、他人からもらったものだと分かってしまいます。ですから、マベリックおじさんは「1割の牛には焼き印を押すな」と言っていたのです。

この逸話《いつわ》から「マベリック」という言葉が群れない孤独を好む異端者といった意味を持つようになりました。わたしはこのエピソードを知って「これだ」と思いました。わたし自身、「人と同じことをやっても意味がない」「誰もやったことがないことをやりたい」、あるいは「似たような内容でも少し違うものをやりたい」と思っていたからです。

マベリックという言葉は今でもアメリカでは普通に使われています。例えば、元内閣総理大臣の小泉純一郎さんが当時のアメリカ・ブッシュ大統領との会談で訪米した際、ブッシュ大統領と一緒にアメリカの人気歌手であるエルビス・プレスリーさん（故人）の記念館を訪問したことは皆さんの記憶にも新しいところでしょう。

このときプレスリーさんのサングラスをかけて高揚《こうよう》した小泉さんはプレスリーさんの真似をしてギターを弾くジェスチャーをすると、記者団から大きな歓声があがりました。このときアメリカのメディアでは小泉さんを「マベリック・コイズミ」として扱ったのです。それまでの日本の総理大臣に対するアメリカ人のイメージが覆《くつがえ》されたからです。

他にも、アメリカの全米プロバスケットボール協会（ＮＢＡ）のチームでテキサス州ダラスに本拠を置くチームに「ダラス・マーベリックス」というマベリックを冠したチームもあります。アメリカでも「普通とは少し違った」「異端の」という意味合いを込めて今でも使われているのです。

倒産したゴルフ場の再生、株式会社の学校経営……異端のビジネスを始める

わたしはマベリック ジャパンを通常のコンサルタント会社とは違う、「少し違ったことを考える会社」にしたいと考えました。ビジネス界のマベリックを目指したわけです。そういったわたしの考えが具現化されたものが、これまでお話ししてきたことになります。

倒産したゴルフ場を買い取り、複数のゴルフ場を一括運営することでコストを抑え

て再建させるパシフィックゴルフマネージメントの設立が１つ。この会社の立ち上げに当たっては、テキサスのオイルマネーを資本とする外資系ファンド・ローンスターが応援してくれました。米国の外資系ファンドを活用した企業再生の初めての事例をつくりました。

日本の学校教育に対する問題意識を共有した大前研一氏（写真中央、ビジネス・ブレークスルー上場時）

また、もう１つは大前研一さんと設立を計画していた株式会社の経営するビジネス・ブレークスルー大学大学院（ＢＢＴ大学院）の設立。インターネットを活用し、企業などに在籍したまま、24時間、いつでもどこでも学生が講義を受けられるエア・キャンパスというサイトの立ち上げで、学校の経営状況がガラス張りになり、旧来の不透明な学校経営とは異なる選択肢の広がる経営が可能になりました。

そもそもわたしがＢＢＴ大学院の設立に向けて動き始めた当時、大前さんとの勉強会の中で学校経営は株式会社としてやった方がいいのでは？……との提案を取り入れ、11名の賛同者と共にわたしも創業者の1人に加わることになりました。まさかこのときに自らが学校改革の先頭に立つとは夢にも思っていませんでした。

それでも現在の同大学院の卒業生が累計で1000人を超え、株式会社として利益も出し、東証一部に上場することもできました。さらに、不振の教育機関を買収して傘下に収めることで、よりレベルの高い人材を育てる一貫教育の体制づくりも進めているわけです。

日本では学校を作るための法律が存在し、「学校経営は学校法人しかできない」「途中で目的を変えてはならない」といった文言が並び、戦後にできた法律で学校の経営はがんじがらめになっていました。その結果、大半の私立大学が定員割れを起こし、経営も赤字と言われているわけです。学校法人は増資もできませんし、国の補助金を受けているため、国の定めに従わなければなりません。つまり、独自の改革は不可能ということになります。学校を〝経営する〟という視点が、あまりにも希薄であることが問題なのです。

もしこれが株式会社であれば、M&Aで生き残る道筋をつくることができます。通っている学生も辞めさせることなく、M&A等の手法で経営を立て直すことができるわけです。ところが、学校法人ではその財務状況を開示していません。買う側からすれば財務状況が分からない相手を買うことなどできません。

ですから、日本の学校教育は遅々として改革が進まないのです。地方の学校でも、例えば３つの学校を合併させて立て直すといった株式会社の発想もあるのでしょうが、法律の存在でそれはできません。したがって、全ては学校法人という制度設計の問題に行きつきます。

これからの日本に求められるリカレント教育

もちろん、学校法人そのものを批判しているわけではありません。学校法人もあっていいのですが、その一方で株式会社もどんどん認可すべきではないかということです。時代は変わっています。学校こそ株式会社化すべきなのです。上場することができたBBT大学院は、その成功事例なのです。

しかも、法律では学校法人を設立するために集めた資本金は一度、文部科学省に寄附しなければなりません。その寄附金をもって文科省から設立の認可が出るのです。

こういった経緯を示すため、法律の条文の中に「寄附行為」とあるのです。それで文科省からは入学定員や指導内容などの項目において指導を受けることになります。

そんな日本とは違ってアメリカには学校に関する法律は存在しません。学校に個人から直接寄附する社会ができあがっているからです。しかも、寄附をすれば、その分が所得から全額控除されます。もちろん、そういったお金の流れも全てがクリアになっており、一般の人々にも目に見える形になっています。

日本のように学校法人の財産が理事長個人の財産なのか、学校の財産なのかが分からないといったことなど起こり得ない仕組みになっているのです。この日本の学校教育の仕組みがおかしいと感じる人は年々増えてきているように感じます。ですから、学校改革は日本の大きなテーマになってくるでしょう。

その問題意識を抱えていたBBT大学院は、いち早くネットを取り入れ、社会人が働きながら勉強できる環境を提供するようにしました。勤めている会社を辞めることなく一流の講師から知識を学ぶことができる。しかも、朝や夕方の満員電車でキャンパスに通う必要もないため、学生も自宅で講義を受けられますし、教授も自宅で講義を行うことができます。

リカレント（recurrent）教育――。生涯にわたって教育と就労を交互に行うことを進める教育システムを指す言葉ですが、ＢＢＴ大学院は、まさにこの教育を実践しているのです。しかも、授業料は一般的な社会人大学院の半額程度。キャンパスなどハードがないため安く抑えられるのです。こういった教育が今後の社会で最も大事な教育になっていきます。

さらに、ＢＢＴ大学院では講義を受けるためにアクセスしてきた人物が本人かどうかを判別・認証するシステムも開発しています。これは世界特許も取得している技術です。銀行でも最近になってＡＴＭ（現金自動預け払い機）の認証に指紋などを活用するようになっていますが、ＢＢＴ大学院では開学2年目に既にこういったシステムを開発して活用していたのです。これはＢＢＴ大学院の隠れた財産です。そして、ＢＢＴ大学院が株式会社で運営しているからこそ、実現できたことだと自負しています。

いろいろな考え方がある中で、人が考えない少し違うやり方を見つけ出す。それがドラッカー先生から学び、わたし自身の経験から培ってきた発想なのです。

治療に追われる医師に最新情報を提供する「ケアネット」の設立

そしてもう1つ、マベリックの発想で取り組んだのが「ケアネット」という会社の設立です。同社は国内の医師（ドクター）らが病院での治療などに追われて、十分な研究や勉強の時間がとれないという課題に対し、ネットの中で国内外の新しい医療技術や情報を提供しています。

わたしはこのケアネットという会社の立ち上げに携わり、２００７年（平成19年）には東証マザーズに上場しました。同社は日々の治療行為などで時間がなく、新薬や新しい医療機器などについて勉強する時間の少ない医師を対象に、会費制でネットを通じて医薬品情報を配信したりしています。当初、ドクターに情報を届けることに主眼が置かれていたのですが、そもそもドクターにダイレクトで情報を届けているのであれば、新しい商品の情報も一緒に届けられると気づいたのです。

そもそも製薬企業は通常、ＭＲと呼ばれる医薬情報担当者が病院訪問し、医師と面会して様々な医薬情報を伝えます。ところが、ＭＲはドクターに製品を売り込みに行っても話をする時間は１回平均15分しかありません。しかし、15分で新製品の全てを紹介するなど不可能です。

医師向け情報サイトを通じ、製薬の営業支援をするケアネットも上場

そこでケアネットは、あらかじめドクターに基本的な製品情報を伝え、ＭＲがセールスに行ったら「先生、この製品は知っていますよね」というところから話を始めることができるわけです。これが製薬企業の間で、とても評判となりました。ＭＲはドクターのアポイントをとるのに１カ月ほどの時間がかかると言われています。それほどまでに苦労してアポイントをとったのに、与えられた時間が15分だけでは何も伝えられません。

もし、事前に新製品の基本情報がドクターの頭の中に入っていれば、ドクターは自分の関心のある点や疑問に思った点だけを聞けばいいわけです。こうした事前情報の共有ができていれば、ドクターもＭＲもお互いに業務の効率化を図ることができます。そのメリットが製薬企業のニーズを汲《く》み取り、多くの会社がケアネットのシステムを導入してくれたのです。

このサービスの登場でＭＲの数は減少しました。ある意味、ＩＣＴの進展で雇用が失われたと見えるかもしれません。しかし、個々のＭＲの知的武装化が図られました。つまり、誰でもできる説明をする必要がない分、専門的な知識だけを頭に入れれば済むようになったのです。ネットによりドクターには新商品の基本的な情報が届くため、ＭＲはその情報では与えきれない部分をフォローする役目を担うようになったのです。

このように、ＡＩ（人工知能）やロボティクス、ＩｏＴ（モノのインターネット化）の普及で人の雇用は多少なりとも影響を受けることはやむを得ないと思います。ただし、人はこれらと共存を図ることができるわけです。そのためには、人と違う発想をしなければなりません。

だからこそ、わたしがこれまでやってきた取り組みは当時、誰もやったことがない取り組みで、人と違う発想で生み出したものでした。わたしが新しい発想を提供し、それを「やりたい」と言っていただける人にやってもらえればいいいと考えています。

馬に通じるファッション分野で八木通商の社外監査役に

他にも、わたしはファッション業界の仕事もしています。２０１６年（平成28年）から「八木通商」の社外監査役に就任し、同社の経営のお手伝いをしているのです。創業者で社長の八木《やぎ》雄三《ゆうぞう》さんからお声かけいただいたのがきっかけです。同社は繊維、アパレルの専門商社で「モンクレール」「マッキントッシュ」「ファリエロ　サルティ」「バブアー」といった一流ブランドを数多く取り扱っています。

八木さんの理念は終始一貫しています。カジュアルな衣料品を手掛けないファッションブランドに特化し、ブランド価値が落ちるような値下げは絶対にやりませんでした。ブランド価値があり、品質の良い商品であれば、必ず一定層の人は買います。ブランドに価値を付加すれば、値下げをしないで済みます。そのことを八木さんは早くから分かっていたのです。

わたしも八木さんのビジネススタイルに共感を持てました。なぜなら、馬の世界がファッションと深く結びついていたからです。わたしが学生時代から馬術部に所属し、その馬術から「エルメス」や「ロンシャン」「セリーヌ」といった超一流ブランドが生まれたことは説明した通りです。そんな馬の世界に長くいたわたしから見ても、馬という洗練された世界から生まれてきたブランドは値引きなどの対象にならない、価値と伝統のあるものとして存在すべきだと思うからです。

これらのブランドは王室の馬具屋を発祥としています。ナポレオンなどが存在感を高めていた時代は戦争で馬を使っていたので、馬用の武具の販売で馬具屋は生計を立てることができました。ところが、戦争がなくなると、食《く》い扶持《ぶち》がなくなる。馬具屋が生き残りを懸けて取り組んだのがファッションだったのです。

その名残は今でも残っています。競走馬がダービーで優勝した際、馬の胴体にかけるブランケットはエルメスなどの製品です。エルメスなどで販売されているブローチや帽子、スカーフ、セーターといったものは、その根っこを探ると、全て馬に通じているのです。ですから、フランスのロンシャン競馬場で毎年10月の第1日曜日に開催される競馬の重賞（G1）競走である「凱旋門賞《がいせんもんしょう》」に行くと、馬や騎手がこれらのブランドの馬具を身に付けています。その点で、凱旋門賞は世界で最もファッションに焦点が当たる大会でもあるのです。

ちなみに、馬という存在は廣瀬家にも通じるものがあります。それが森村グループです。森村グループは日本で馬具を製造していたことがあります。日本の陶磁器産業を代表する企業グループである森村グループは１８７６年（明治９年）に森《もり》村《むら》市《いち》左《ざ》衛《え》門《もん》と森村豊《とよ》の兄弟の手によって創立されました。「１業１社」という理念の下で独立を進めた経緯から、森村グループには数多くの大企業があります。

例えば、ウォシュレットで有名な衛生陶器の「ＴＯＴＯ」、世界最大級の高級陶磁器・砥石《といし》メーカーである「ノリタケカンパニーリミテド」、電力用碍子《がいし》・セラミックス製造を主力とする「日本ガイシ」、スパークプラグやセラミックス製品を製造する「日本特殊陶業《とうぎょう》」、日本の住宅設備のブランドで現在は「ＬＩＸＩＬグループ」の「ＩＮＡＸ」、コンデンサやガラス、陶磁器、ファインセラミックスなどの原料粉末を製造・販売している「共立マテリアル」なども森村グループです。

廣瀬家と森村グループ

森村兄弟によって設立された森村組は質屋から出発。次に森村銀行を設立するのですが、最終的には三菱銀行（現・三菱ＵＦＪ銀行）に買収されます。その森村銀行では金融業を手掛けていた最中、産業にも投資をする必要性を感じ、初めて銀行として事業に投資します。それが「日本陶器合名会社」でした。

この日本陶器合名会社は輸出用陶磁器の製造を主力とする会社として、１９０４年（明治37年）に設立されたのですが、設立者は３人います。森村市左衛門と大《おお》倉《くら》孫《まご》兵《べ》衛《い》、そして廣瀬實榮です。この廣瀬實榮が、わたしの曾祖父に当たるのです。その後も森村グループと廣瀬家との付き合いは深く、現在はノリタケカンパニーリミテドの子会社になっている日本陶器の社長には、かつてわたしの父・廣《ひろ》瀬《せ》治《じ》郎《ろう》が就任していました。

日本陶器は日本人の食事が洋風化されてきたことを受け、衛生陶器の製造に乗り出しました。そもそも同社が設立された名古屋の則《のり》武《たけ》新《しん》町《まち》では衛生陶器の原料となる粘土がよく獲れる場所でした。この則武新町から「ノリタケ」が社名にもなっていったわけです。さらに、森村市左衛門と大倉孫兵衛に加え、わたしの曾祖父である實榮などが出資者となり、浴槽、洗面台、便器などの衛生陶器を手掛ける会社を作ります。それが東洋陶器、現在のＴＯＴＯです。

ただ、食器と衛生陶器を隣接して作るのは好ましくないと考えた創立者たちは、日本で2番目に粘土質の良い地域を探し出します。それが九州の小倉。そこに衛生陶器の工場を建設したのです。TOTOが現在も小倉に拠点を設けている起源は、このような歴史があったからです。

話を日本陶器に戻しますと、洋食文化の普及を受けて陶器を作るようになったわけですが、その頃の日本では洋食を口にする人は、まだ一握りでした。しかも、洋陶器は毎日使用するものでありながら高額だったので、なかなか一般の人では手の届かない代物《しろもの》だったのです。このままでは会社が立ち行かなくなると考えた経営陣は海外に目先を変えます。その進出先はアメリカ・ニューヨークでした。

ここで日本陶器の洋陶器は爆発的に売れました。一目置いてくれたのがアメリカの大富豪・ロックフェラー一族です。このロックフェラーの当主が当時のアメリカ大統領に日本陶器の洋陶器を薦《すす》めてくれました。大統領もロックフェラーの当主が良いと言うのであれば間違いないだろうと判断し、ホワイトハウスでも使用を始めたのです。

ホワイトハウスに招いた来賓《らいひん》にディナーを振る舞う際の食器に、日本陶器の洋陶器が使われるようになり、評判を高めていきました。ホワイトハウスで使用される洋陶器は世界26ブランド。日本陶器はその中の1ブランドに名を連ねることになったのです。アメリカでの成功が日本でも伝わり、日本陶器の経営は軌道に乗っていったのです。

第9章

次の時代を担う若者たちへ

サラリーマンより起業家になりたい　～両親の後姿を見て～

わたしがこれまでサラリーマンや自ら起業した経験を踏まえて日本の若者たちにメッセージを送るとしたら「海外に積極的に出ていくべきだ」ということです。大日本印刷、米ジョンソン・エンド・ジョンソンと日米の大企業で経験を積み、その一方でゴルフ場再生会社や社会人大学院も設立しました。混沌《こんとん》とした世界経済、閉塞感《へいそくかん》が漂《ただよ》う日本経済、その中で若者たちは自らの人生をどう切り拓《ひら》いていくべきなのでしょうか。わたしがそういったことを学んだものとして両親の姿があります。

わたしはたまたま父・廣瀬治郎《ひろせじろう》と母・桜子《さくらこ》という、共に起業家の血筋のある両親の下で生まれ育ちました。ですから、知らず知らずのうちに、会社にサラリーマンとして勤めるよりも、事業を興すことを自らの使命にしていたように感じます。

事業とはどういうものなのか。事業を興すためには金融機関としっかりとしたお付き合いをしなければならない。こういったことを幼い頃から自然と学んでいた気がします。ですから、大日本印刷元社長の北島織衛《おりえ》さん（現・大日本印刷の北島義俊《よしとし》社長の父）に「私の会社に来なさい」と言われてサラリーマンとして勤めている間も、起業家として歩むための1つの前座だったような感じがします。

そんな気持ちでいましたから、わたしの立ち居振る舞いを通じて、相手にもある程度わたしの考えていることが分かるわけです。「廣瀬は扱いにくいなあ」と直接他人から言われたり、間接的に耳にしたこともあります。それでも特段わたしは気になりませんでした。起業家だった両親の下で自然と育てられてきたからかもしれません。

わたしは直接、父や母から「起業家になりなさい」と言われたことはありませんでしたが、起業家のいる中で育ったわけですから、何となく起業家になるという方向を向いていたと言った方が正しいと思います。父や母から教えを受けたわけではありませんでしたが、育った環境が起業家の家庭であったということです。ただ、わたし自身も事業を興す方が、会社という組織の一員として働くよりも魅力があると感じていたのも事実です。

そうは言っても、サラリーマンとして大日本印刷には24年間お世話になりましたし、世界最大のヘルスケア会社である米ジョンソン・エンド・ジョンソンでは16年間も働かせてもらいました。この40年間で日米の大会社両方の経営を見ることができましたから、経営者としてあるべき方向や日本とアメリカの文化の差なども分かりました。また、日本魂とアングロサクソンの民族性といったことも学ぶことができましたし、それはその後も役に立っています。

それでもやはり、基本的には自分で事業をやった方が面白いなと思っていたことは紛《まぎ》れもない真実です。これは人から教えられたというよりも、両親から刺激を与えられた自分が自ら考え、自ら決断して決めたという感覚の方が大きいです。

よくサラリーマンとして会社に入って「仕事が面白くない」と愚痴《ぐち》をこぼす人がいますが、わたしは「面白くない」と言っている人ほど、惨《みじ》めなことはないと感じます。そもそも勤め先の仕事が面白くないのであれば、いっそのこと会社を辞めてしまえばいいと思いますし、辞めたいと思っても辞められないのであれば、そのまま頑張るしかありません。全ては自分の選択でそうなっているからです。

父が遺《のこ》した「二番手では競争に勝つことはできない」

さて、わたしの父・廣瀬治郎《ひろせじろう》は「日本飲料」という会社を設立し、炭酸飲料「ペプシコーラ」で有名な米ペプシコから日本でのフランチャイズ権を取得しました。同社は１９５６年（昭和31年）にペプシコーラの第1号ボトラーとして誕生することになったのです。なお、１９５４年（昭和29年）当時、アメリカの統治下にあった沖縄にペプシコーラのボトラーとして「与那城《よなしろ》ベバレッジカンパニー」が設立されています。

この日本飲料には数々の財界人の出資がありました。具体的には、朝日麦酒（現・アサヒグループホールディングス）の山本為三郎《やまもとためさぶろう》さんや大日本製糖の藤山勝彦、大映の永田雅一《ながたまさいち》さんといった方々です。この日本飲料が父の起業家としての初めての仕事でした。このきっかけは比嘉悦雄《ひがえつお》さん（日本ペプシコーラ創業者、ジェーシー・コムサの大河原愛子《おおかわらあいこ》会長の父）からの紹介でした。比嘉さんは沖縄の人ですが、ハワイから来た日系2世。父は比嘉さんと一緒にビジネスを始めたのです。

会社を設立した年から日本飲料は東京、神奈川、千葉を担当地区とし、ペプシコーラの製造・販売を開始しました。順調に業績を伸ばし、１９６１年（昭和36年）には、大日本製糖が出資し、大阪、京都、兵庫、和歌山の関西地区を担当するボトラーとして「日糖飲料」が設立されるほどになったのです。

ただ、競争は甘くはありませんでした。既に日本にはガリバーである米コカ・コーラが市場を席捲《せっけん》しており、どうしてもペプシコーラのシェアを伸ばすことができなかったのです。最終的には伊藤忠商事に日本飲料の株式を売却することになりました。このときの教訓を父は遺《のこ》していました。それは「二番手では競争に勝つことはできない」ということです。わたしも父の姿を見て「やはり競争ではナンバーワンになることが勝負を決める」といったことを教わった気がします。

では、ナンバーワンになるためにはどうしたらいいか。ナンバーワンになるためにやっていることが人と同じことでは、先行している人に勝つことはできません。先行している会社の方がいつも強いのです。ですから、少しでもいいから、人と違うことを考えなければなりません。わたしがコンサルタント会社を設立した際に、社名に「異端」「他とはちょっと違う」という意味を含む言葉「マベリック」を使ったのは、この父の姿を見て来ていたからです。

戦後の教育発展に尽くした母

一方の母・桜子も公心《おおやけごころ》の溢《あふ》れる人でした。藤山愛一郎（元日本商工会議所会頭、元外務大臣）が生まれた藤山家のたった１人の女性でした。ですから、父親である藤山雷太《らいた》の一人娘として、兄弟である愛一郎や勝彦、洋吉には大変可愛がられていたようです。まさに箱入り娘です。飛行機に乗ること自体が貴重だった時代に、わたしの父との新婚旅行で「２人で飛行機に乗って行け」と言われるほどで、母にはお付きのお手伝いさんが６人ぐらい付いていました。

愛一郎に代表される生粋《きっすい》の起業家がいたことで、藤山家の富も増えていきました。母にはいつもお抱えの運転手がいて、乗っていた車は外車のＢＭＷ。このＢＭＷに乗って母は颯爽《さっそう》と出かけていました。ですから、太平洋戦争が始まるまでは、お金持ちのお嬢様として何不自由なく育ったというわけです。

ところがアメリカとの戦争に突入すると、藤山家のそれまでの生活が一変します。藤山家の財産は没収され、全くの無一文になってしまったのです。母は戦時中、長野・

軽井沢に疎開していたのですが、お金がなくなり、終戦後に自宅に帰ってきたら家が爆撃で焼かれてしまった惨状《さんじょう》を目の当たりにし、「やっぱりお金って儚《はかな》いもの。人間がお金持ちになろう、少しでも豊かになろうと努力しても、こういうことが起きるとゼロになってしまうのですね……」。このようなことを感じたようです。

そんな母は人の面倒を見ることが好きな人でした。たとえ戦争で財産がゼロになっても、お付き合いしていた財界のご子息やご息女とも手を携える運動を始めたのです。財界の人たちも藤山家と同様、戦争が終わると財産もなくなり、途方《とほう》に暮れていました。そのご息女たちもまだ10代後半の年頃でしょう。

元内閣総理大臣・吉田茂さんの娘で、現自民党副総裁兼財務大臣の麻生太郎さんの母である麻生和子《かずこ》さんは、わたしの母と聖心女子学院の同級生でした。三菱銀行の瀬《せ》下清《じもきよし》頭取のお嬢さんや陸軍軍人のお嬢さんや学者のお嬢さんと母の交友の輪は広かったのを覚えています。混沌《こんとん》の中をどう生きるか、迷いも正直あったと思います。

「これから何をすればいいのだろう？」

彼女たちがこんな不安に駆《か》られている中で、わたしの母はそんなお嬢様たちを集めて「あなたたちも、とにかく仕事をしなければいけませんよ」と言って教育の仕事をする組織を立ち上げます。戦後の復興には必ず教育が必要になると感じていたからです。母は幼児教育の「枝光会《しこうかい》」という組織を1947年（昭和22年）に設立しました。枝光会は現在も「学校法人枝光学園」として東京都港区と目黒区に自ら展開する3つの幼稚園（枝光会附属幼稚園、枝光会駒場幼稚園、枝光学園幼稚園）のほか、委託を受けてから50年以上運営している1つの幼稚園（麻布みこころ幼稚園）を展開しています。ただ、設立当初は資金もなかったので、廣瀬家の東京・駒場にあった自宅を幼稚園の敷地として寄附することにしました。

カトリックの洗《せん》礼《れい》を受ける

枝光会はカトリックの教えを基礎にしていました。その教えを説《と》きながら豊かな人間性を持った子どもたちを育てようとしたのですが、時は戦後の焼け野原が広がっていた時代。幼稚園はほとんどありませんでした。だからこそ、母は日本に幼稚園児を教育する場が必要と感じ、自らの家を提供したのです。他にも聖心女子学院の同級生だった地主のお嬢さんからも土地を提供してもらったり、自分の兄である勝彦が持っていた高輪《たかなわ》・伊皿子坂《いさらござか》の土地も「勝ちゃん、あなたも寄附しなさい」と説得して寄附させました。

そもそも母は教育が好きで、子どもであるわたしたちの教育にも熱心でした。わたしは東洋英和幼稚園で育ったのですが、その幼稚園に就園した理由は、2人の日本で有名な児童教育の先生がいたからでした。わたしも兄も東洋英和幼稚園で過ごしました。1年半ほど経つと、その2人の先生が他の幼稚園に引き抜かれたのです。すると、母もわたしたちを先生の新たな勤務先である柿の木坂幼稚園（当時、現・アソシエ柿の木坂保育園）に転園させました。

母は最初からキリスト教徒だったわけではありません。もともと教育が好きだった母が戦争で財産を失い、そのときにお金の存在が絶対的なものではなく、あまりに儚《はかな》いものであると気付き、教育に力を入れていこうと決意したわけです。その使命感から若い人たちを集めて作ったのが枝光会であり、おそらくこのときに母は宗教の大切さを感じました。母は40歳を過ぎてから洗礼《せんれい》を受けたのです。母はわたしも含め、子どもたち全員に有無を言わさず洗礼を受けさせました。

逆に父は最後まで洗礼を受けませんでした。父は名古屋の実業家の次男だったので、

父と母、そしてきょうだいと（真ん中が廣瀬氏）

こちらも裕福な暮らしをしていました。愛知県立第一中学校（現・愛知県立旭丘《あさひがおか》高等学校）に進学し、野球部に所属。甲子園にも出場したことがある球児でした。1番ショートでレギュラーだった父はその実力が買われて慶應義塾大学野球部からスカウトを受けます。ところが、途中、身体が続かなくなってゴルフ部に転部。それ以降は、ゴルフ一筋になりました。社会人になってからは、先ほど申し上げた通り、日本飲料の社長を務め、伊藤忠商事に同社の株式を売却した後は、藤山雷太が創立した損害保険会社「集成社《しゅうせいしゃ》」に勤めました。

しかし、自らの歩みとは異なり、父は兄と弟を早くに亡くしていたのです。長男は早くに病死し、血気盛んな弟は神風特攻隊に志願してお国のために身を捧《ささ》げました。弟は東京帝国大学（現・東京大学）卒業で、とても優秀でした。日本軍でも出世をしていったのですが、特攻に行く部下を次々と見送る中、自分も特攻に行くべきだと考え、自ら志願したと聞いています。そういった境遇にあったため、母の説得を受けても最後の最後までキリスト教の洗礼は受けず、亡くなる間際《まぎわ》に洗礼を受けました。

このような両親の下で育ったのがわたしです。米ジョンソン・エンド・ジョンソンをリタイアした後、閉塞状況に陥った日本を変えたいと思って62歳で起業し、これまで3社の株式上場に携わってきました。自分の歩みを振り返ると、やはり両親の存在を抜きにして今の自分を語ることはできないと感じます。

台湾独立の雄・鄭成功《ていせいこう》を先祖に持って……

そしてもう1つ、わたしの先祖として有名なのが鄭成功《ていせいこう》（1624年〜1662年）です。中国・清《しん》王朝に滅ぼされようとしている明《みん》を擁護し、抵抗運動を続けて台湾に渡った後に鄭氏政権の祖となった人物。「世界史」の教科書にも登場する人物です。

鄭成功は長崎・平戸《ひらど》で生まれました。中国人海商だった父・鄭芝龍《ていしりゅう》が平戸を根拠地として活動していたからです。鄭芝龍は平戸川内の田川マツと結婚し、鄭成功は生まれました。鄭成功は僅か7歳という時分に、単身で海を渡り、21歳のときには当時の中国・明の隆武帝《りゅうぶてい》より国姓《こくせい》「朱《しゅ》」を贈られたことで、人々からは「国姓爺《こくせんや》」と呼ばれ、その名を轟《とどろ》かせました。

後に清朝との戦いの中、父は清に投降しましたが、鄭成功は「抗清復明」の旗印《はたじるし》を揚げて戦いを続けたのです。戦況は厳しくなる一方でしたが、台湾に進攻して占拠中のオランダ人を追放。その後、鄭成功は政府を設置し、法律も定めて開拓を行いました。39歳で亡くなるのですが、それまでの間、台湾の振興に一身を投じてきました。

まさに歴史上の大人物に当たるわけですが、わたしが親戚から言われていたのは「鄭成功という人を知っておいた方がいいわよ」という程度でした。わたしの父方の祖母が鄭胡龍《ていこりゅう》という名で、鄭成功の子孫だったのです。何とはなしに祖母からは鄭成功の話を聞かされていました。わたしもまだまだ小さい頃でしたから「ああ、そうなんだ」と聞いてはいたのですが、理解ができるようになると、鄭成功の弟の直系に当たる人が祖母であったと分かりました。

その祖母も長崎生まれの長崎育ちでした。鄭成功の功績は、やはり台湾独立です。当時、列強だったオランダ軍を撃退した英雄でもありますが、鄭成功は長崎で日本の戦の仕方を学び、戦い方の知識を学んでいったと聞いています。兵の集め方や兵の訓練の仕方といったノウハウを学びました。今でも台湾の台南市には「鄭成功祖廟《ていせいこうそうびょう》」という祠《ほこら》があります。

当然、わたしにも台湾人の血が入っているわけです。祖母からは「台湾とは仲良くしなければいけませんよ」という話を聞かされていました。そんな縁もあって、社会人大学院の「ビジネス・ブレークスルー大学大学院」でも、講師である台湾の人たちとも親交があります。

若者へのメッセージ「もっと海外に出て羽ばたこう！」

最後にわたしが若い人たちに対して訴えたいことがあります。

「とにかく海外に出てみましょう」——。日本では若者による起業の必要性などが指摘されていますが、わたしが自分の人生を通じて感じるのは、事業のオポチュニティ

（機会）で言えば、日本に居るより世界に出た方がたくさんあるということです。ファーストリテイリング会長兼社長の柳井正さんとビジネス・ブレークスルーの大前研一さんが『この国を出よ』という本を出版していましたが、わたしもこの精神をもっと実体として浸透させるべきだと思います。「とにかく外国に出よ」と。

極端なことを言ってしまうと、日本ではなかなかチャンスがないかもしれません。しかし、そんな暗いことばかりを言っていても仕方がありません。そうであるならば、場所はどこでも構いません。アフリカであっても、台湾であってもいいのです。あるいは、これからはアジアの時代ですからアジアでもいい。アジアは日本のすぐ側にありますから、いつまでも日本に留まっていないで、どんどん外に出て海外で活躍してもらいたいのです。海外での起業のチャンスなどはいくらでもあります。

さらに言えば、日本は過渡期を迎えています。かつての高度成長を支えた社会システムが大きくグラついているのです。そういった世の中であるからこそ、全く新しいオポチュニティを海外で求めるべきではないでしょうか。

例えば、わたしの友人は約20億円のお金を集めてファンドを運営しています。彼は海外に移住し、そこで資金を集めてアフリカなどの新興国で広範《こうはん》な畑を買って農産物のビジネスに投資しているのです。まだ50代前半です。
その友人は２０１２年（平成24年）頃からアフリカへの投資を始め、翌年にはルワンダでマカダミアナッツを生産する農場を始めました。農場の規模は約３００㌶です。マカダミアナッツは収穫ができるまでに10年ほどの年月がかかります。ですから、農場で本格的な収穫ができるようになるまでは、近隣の農家からマカダミアナッツを買い取って加工し、ルワンダの国内に販売したり、原料としてアメリカに輸出するなどして収益を上げているのです。

ルワンダと言えば、１９９４年（平成６年）に大虐殺が行われた国です。それからまだ25年ほどしか経っていません。一般的にはまだ危険な国というイメージが強いはずです。しかし彼から言わせればあまり気にしていません。むしろ、日本人はアフリカのどこに行っても歓迎されると豪《ごう》快《かい》に言ってのけるほどで、むしろそういった日本人の良いイメージをもっと活用すべきだと考えているのです。「どこかに投資しようと考えている」と言えば、アフリカのどこの国に行っても歓迎されるそうです。

ですから、彼のビジネスの領域はルワンダに留まりません。他にもザンビアで「メイズ」と呼ばれるトウモロコシや小麦を生産する約２７００㌶もの大規模な農場を運営していたり、ケニアでは医療機器メーカーなどにも投資しています。

「日本にいてもあまり面白くない」。これが彼の海外でビジネスを始めた理由です。海外でアフリカに投資するファンドを立ち上げ、自分の考えたビジネスプランを説明して回ると、あっという間に20億円が集まったのです。わたしは彼の事例をＢＢＴ大学院の学生にもよく話します。そして彼はこう続けるのです。

「日本のように人間関係を探って何かをお願いするといった、根回しのようなものは全く必要ない。だからビジネスがやりやすい」

日本人の中にもこういった起業家精神が旺盛な経営者はたくさんいます。彼と話していると、本当に何でもできるように思えてくるほどです。若い人たちも、是非とも彼のような人物と会ってみて欲しいと思います。

「日本を出よ」――。これは単に旅行を指しているのではありません。ビジネスのオポチュニティは海外に限りなくあるということです。それを探しに行くためには、やはり若くなければできません。ですから、若い人たちには是非とも外を見に行っていただきたい。事業を興すということには様々な可能性が秘められています。もちろん、失敗することもあるでしょう。それでも挑戦しなければ何も始まらないのです。

皆さんに負けぬよう、わたしも「マベリック」を座右の銘に掲げ、まだまだ第一線で挑戦していきたいと思っています。

エピローグ

チャレンジし続ける――。やり甲斐のあることに出会えば、それに打ち込んでいく。わたしの場合で言えば、仕事もそうですが、スポーツでも同じことが言えます。わたしの場合は馬術です。中学、高校、そして大学時代は馬術部に所属し、馬と一緒の生活に明け暮れました。ローマオリンピックでは、日本のオリンピック候補選手に選ばれ、大会に出場する直前に、愛馬が急死。そのために、出場を断念せざるを得なくなりました。知人からは「他の馬でどうか……」と言われましたが、それまで愛馬と一緒に鍛錬を重ね、練習に打ち込んできただけに、それはできませんでした。

馬術は文字通り、人馬一体となって行うものです。その愛馬が急にいなくなり、「他の馬で……」と言われても、そう簡単に連携プレーがとれるわけではありません。大学選手権の優勝、あるいは日本一の座をつかんだ自分としても悔しい想いでしたが、断念せざるを得ませんでした。それはともかく、人と馬のつながりがいかに大事かをわたしは馬術で学びました。

人と人とのつながりが非常に大事ということも、自分のこれまでの仕事で味わっていることです。やりたい仕事をやり遂げるのも、人と人とのつながりがあるからであり、今もわたしはその想いで仕事を続けています。

そして、新しい世界に挑戦し続ける。このことが自分を常に前向きにさせてくれると思っています。強さと優しさ——。人と人が寄り集う場において、お互いが共生・共存するために社会のルールがあります。それは法律から社会的規範、マナー、慣習といったいろいろな取り決めです。その中で各領域のリーダーには、その組織や社会を引っ張っていく使命と役割があります。

わたしは例えば大学時代では、教授はもちろん、クラブ活動を通じて諸先輩やルールからそれを学びました。戦前、戦中、戦後を生き抜かれ、慶應義塾の塾長を務められた小泉信三先生からも修羅場の中でも決断が必要ということを学びました。

さらに、エクセレントカンパニーのジョンソン・エンド・ジョンソン（Ｊ＆Ｊ）の日本法人のトップとして活動し、世界の経営者とも親交を深める中で『アワー・クレド（我が信条）』について、いろいろ考えさせられました。株主偏重とばかりに思われている米国社会にあって、Ｊ＆Ｊはステークホルダー（利害関係者）について、まず顧客を第一に置き、従業員、地域社会、そして最後に株主という順位にしていることです。もちろん、株主に対しては高配当を行っています。世界的にエクセレントカンパニーと言われる会社は、このように世界に普遍的な経営理念、経営の基本軸を持っています。

「よく最近の若者は……」という言葉が使われます。しかし、わたしは新しいことにチャレンジする若者は多いと思っています。少なくとも、わたしの周囲やわたしが関わってきた事業の中では、そう感じました。ゴルフ場再生のパシフィックゴルフマネージメント（ＰＧＭ）もそうでしたし、あるいは「エア・キャンパス」と言われる、誰もがいつでもどこでも学べるビジネス・ブレークスルー大学院大学（ＢＢＴ大学院）にも、社会で働きながら「もう一度、自分を鍛錬する」ということで入学している社会人も数多くいます。いわゆる「リカレント教育」の先陣を行くのがＢＢＴ大学院だと自負しています。

そういう使命感を持った若者の1人が、第9章で挙げたファンド経営者の若者です。それも単なるファンドではありません。彼は海外に移住し、そこで資金を調達し、アフリカなどの新興国で畑を買って農業振興に努めるなど、農産物のビジネスに投資しています。50代前半ですが、青年のように青春の機微《きび》に溢れています。アフリカ中央部のルワンダでマカダミアナッツを生産。農場の規模は何と３００ヘクタールです。24年前、大虐殺が行われた同国にあって、その国の国づくりにも貢献するビジネスです。ビジネスには可能性が広がります。

『志、感謝、そして挑戦』――。世界は今、混沌《こんとん》としているのが現状ですが、この混沌を収め、人々が共生・共存していける秩序を創り上げるのも、また『人』だと思います。そうしたことに使命感を持って仕事に取り組んでいる人は世界中にいます。そうした人たちと今後とも連携の輪を広げていきたいと思っています。

２０１７年（平成29年）３月31日、わたしは傘寿（80歳）を迎えました。新しい仕事にチャレンジしてこれたのも、人と人とのつながり、そして何よりも先人・先達のご助言・アドバイスがあったからです。「多くの人々に支えられて、ここまでやってこれたなあ」という感謝の念でいっぱいです。そうした気持ちの中で、これまでお世話になった方々をお招きし、２０１７年（平成29年）11月２日、パレスホテル東京で「感謝の会」を催させていただきました。

わたしもまた『志、感謝、そして挑戦』の日々を送っていきたいと思っています。

今後ともよろしくお願い申し上げます。

廣瀬光雄

【著者略歴】
ひろせ・みつお　1937年生まれ。60年慶應義塾大学法学部卒業。62年米国ボストンカレッジ大学院経営学部留学。64年大日本印刷入社、79年から86年まで米国法人社長を歴任する。88年ジョンソン・エンド・ジョンソンメディカル社長、後にジョンソン・エンド・ジョンソン日本法人社長。2002年パシフィックゴルフマネージメント会長、06年パシフィックゴルフインターナショナルホールディングス会長兼社長。その他、日米協会評議員、米国商工会議所副会長、厚生労働省中央医療協議会委員、MD-Net会長、ケアネット取締役、ブラザー工業社外取締役、ニチレイ社外取締役。リクルート、アルフレッサホールディングス、テルモ等でアドバイザーを務める。現在、ビジネス・ブレークスルー取締役同大学院教授、マベリック ジャパン及びマベリックトランスナショナル社長、三生医薬社外取締役、八木通商社外監査役、カーライル・ジャパンLLCオペレーティングエグゼクティブ兼任。

〝マベリック(人と違う発想)で〞
志・挑戦、そして感謝

2018年6月25日　第1版第1刷発行

著　者　廣瀬 光雄
発行者　村田 博文
発行所　株式会社財界研究所
［住所］〒100-0014 東京都千代田区永田町2-14-3
東急不動産赤坂ビル11階
［電話］03-3581-6771
［ファックス］03-3581-6777
［URL］http://www.zaikai.jp/

印刷・製本　図書印刷株式会社

ISBN 978-4-87932-129-9
定価はカバーに印刷してあります。